Christine Dohler

Rituale

Wie sie uns
im Leben stärken

Sollte diese Publikation Links auf Webseiten Dritter enthalten, so übernehmen wir für deren Inhalte keine Haftung, da wir uns diese nicht zu eigen machen, sondern lediglich auf deren Stand zum Zeitpunkt der Erstveröffentlichung verweisen.

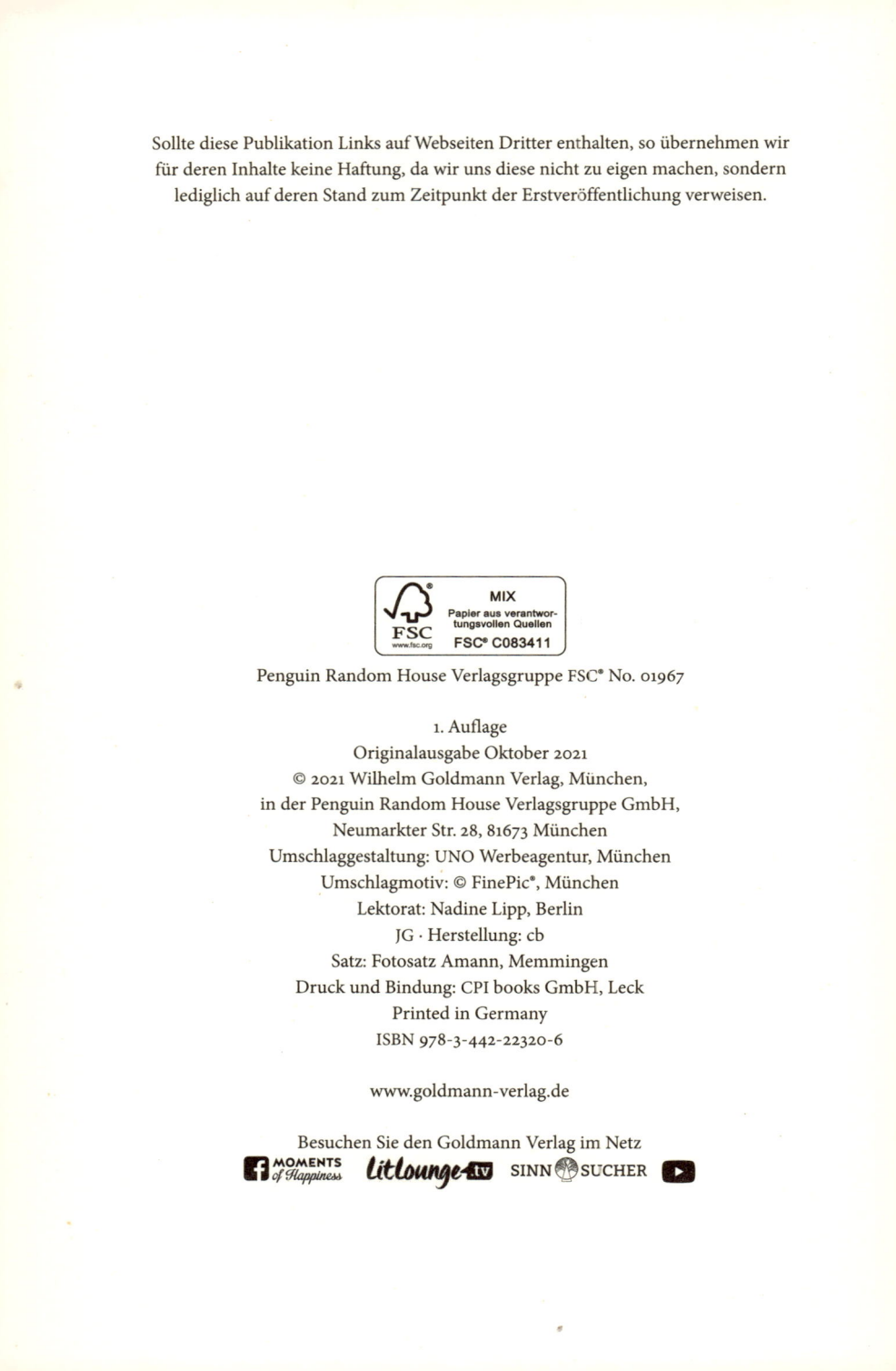

MIX
Papier aus verantwor-
tungsvollen Quellen
FSC
www.fsc.org
FSC® C083411

Penguin Random House Verlagsgruppe FSC® No. 01967

1. Auflage
Originalausgabe Oktober 2021
© 2021 Wilhelm Goldmann Verlag, München,
in der Penguin Random House Verlagsgruppe GmbH,
Neumarkter Str. 28, 81673 München
Umschlaggestaltung: UNO Werbeagentur, München
Umschlagmotiv: © FinePic®, München
Lektorat: Nadine Lipp, Berlin
JG · Herstellung: cb
Satz: Fotosatz Amann, Memmingen
Druck und Bindung: CPI books GmbH, Leck
Printed in Germany
ISBN 978-3-442-22320-6

www.goldmann-verlag.de

Besuchen Sie den Goldmann Verlag im Netz

*»Es geht darum, Wurzeln in
einer entwurzelten Welt zu finden.«*

Inhalt

Vorwort

Wir alle kennen und leben Rituale, sei es als Bräuche oder als Gewohnheiten. Das allmorgendliche Heißgetränk ist ebenso ein Ritual wie das jährliche Aufstellen des Weihnachtsbaums oder der Ringtausch vor dem Traualtar. Rituale geben Struktur und Ordnung, sie erden und beruhigen, wir fühlen uns in ihnen aufgehoben und zu Hause. Darüber hinaus helfen sie uns, Brücken zu bauen, um in eine bessere Verbindung zu uns, zu anderen und zur Natur zu treten.

Bewusst ausgeführte Rituale, die das Bedürfnis nach Gemeinschaft und Sinnsuche jenseits von Religionen befriedigen, erfahren zurzeit ein Revival. Seit jeher streben Menschen danach, die Tiefe des Lebens zu ergründen, persönlich zu wachsen und ihre Form von Spiritualität zu finden. Doch in einer freien und individualisierten Gesellschaft wollen sich immer weniger (junge) Menschen Gurus und Religionen anschließen oder Traditionen eins zu eins übernehmen. Viele der neu entstehenden Ritualformen sind inspiriert von altem Wissen und von Völkern oder Gemeinschaften, die bis heute im Einklang mit der Natur leben. Je nachdem, wer das Ritual gestaltet und wer daran teilnimmt, können moderne Rituale immer wieder eine andere Ausrichtung haben.

Ohne bewusst ausgeführte Rituale wäre ich nicht die, die ich heute bin. Sie geben mir Vertrauen in mich und in das Leben – und verändern mich nachhaltig. Mit diesem Buch möchte ich mich für eine selbstbestimmte Spiritualität einsetzen und zeigen, wie wichtig Gemeinschaft, freie Rituale und Achtsamkeit für eine starke Gesellschaft mit geerdeten und bewussten Menschen sind.

Auch das Schreiben ist ein Ritual. Dieses Buch ist vor allem in der Zeit entstanden, als die Corona-Pandemie im Jahr 2020 ihren Anfang nahm und viele Menschen verunsichert, verängstigt und isoliert waren. Wenn ich schreibe, bin ich generell an meinem Schreibort von der Außenwelt isoliert, denn ich lasse mich sonst zu schnell ablenken. Deswegen habe ich zu Beginn der Pandemie versucht, mich voll und ganz auf das Schreiben zu konzentrieren und die viele Energie, die in der Luft lag, in etwas Positives zu verwandeln.

Bevor ich morgens nach meinem Morgenritual den Computer aufgeklappt habe, habe ich mir bewusst gemacht, warum ich dieses Buch schreibe. Ich habe ein paar ruhige Atemzüge genommen und mir vorgestellt, wie es dich, meine Leserin und meinen Leser, dazu inspirieren könnte, nach mehr Gelassenheit zu streben – ganz gleich, was um dich herum passiert.

In diesem Buch stelle ich Rituale vor, die so gut wie alle Aspekte des Lebens auf unterschiedliche Weise berühren. Alle haben einen bewussten Zugang in Form einer Ausrichtung, die allerdings keinen Erwartungsdruck aufbauen sollte.

Ich konzentriere mich weniger auf bekannte Festtage und Bräuche, sondern vor allem auf neu Entstandenes, das eine positive, bestärkende Ausrichtung hat. Es wurzelt oft in der

Tradition und wird an individuelle Bedürfnisse angepasst. Es soll den Raum und die Inspiration schaffen, damit die Praktizierenden die Kraft der Rituale optimal nutzen und ins eigene Leben integrieren können.

Rituale haben mich schon immer angezogen. Ich habe weltweit an vielen Ritualen teilgenommen und viele selbst gestaltet. All meine Erfahrungen fließen in diese Seiten ein und sollen dir als Inspiration dienen. Mit viel Freude gebe ich weiter, was ich erfahren habe: Während der Kakaozeremonien habe ich gelernt, dass nicht Schokolade glücklich macht, sondern Selbstliebe. Ich bin Ratschlägen weiser Frauen gefolgt, um auch an einem stressigen Arbeitstag das innere Gefühl der Zufriedenheit halten zu können. Ich habe eine Visionssuche im toskanischen Wald gemacht und an einer Fridays-for-Future-Demonstration teilgenommen, um zu sehen, welche Rituale Kinder und Jugendliche im Sinne einer besseren Welt etablieren. In meinem Hamburger Umfeld habe ich Orte und Menschen aufgespürt, die Rituale anbieten und leben. Denn ich glaube, dass wir überall neue Inspiration finden können, wir müssen dafür nicht in die Ferne reisen.

Ritualen wird zum Teil mit Skepsis begegnet, und das ist verständlich, denn sie können auch dazu missbraucht werden, Menschen zu manipulieren. Manchmal bedeuten Rituale schmerzhafte Mutproben, über die man in eine bestimmte Gruppe oder in einen Kult aufgenommen wird. Skepsis ist immer gut – was auch immer ich ausprobiere oder in mein Leben integriere, ich frage mich stets selbst: Passt es zu mir? Ist es authentisch? Gibt es mir die Kraft, ich selbst zu sein? Vertraue ich der Sache vollkommen? Wenn ich dem Umfeld, den Menschen oder der Form nicht traue oder das Gefühl habe, dass ich mich zu sehr verbiegen oder anpassen muss, lasse ich es sein. Oder ich wandle das Ritual so ab, dass es für mich passt. Deswegen möchte ich dich ermutigen, bei Neuem immer genau hinzusehen und in dich hineinzuhören.

Auch das Lesen dieses Buches kannst du zu einem kleinen Ritual machen: Suche dir dafür einen gemütlichen Ort und einen ruhigen Moment. Schließe vor und nach jedem Kapitel für einen Moment die Augen und nimm ein paar bewusste Atemzüge, um das Gelesene zu verinnerlichen. Am Ende eines jeden Kapitels habe ich ein Ritual notiert, das zum jeweiligen Thema passt. Du bist herzlich eingeladen, es auszuprobieren – nach deinen Möglichkeiten und nur, wenn du Lust darauf hast. Aber vielleicht kommst du beim Lesen auch auf eine ganz andere Idee. Fühle dich frei, sie zu deinem Ritual zu machen!

1

Sich selbst stärken: warum wir Rituale brauchen

Seit ich denken kann, bin ich auf der Suche nach dem tieferen Sinn des Lebens. Es ist eine alte Sehnsucht in mir, die ergründen will, was es zwischen Himmel und Erde gibt – ohne dabei die Bodenhaftung zu verlieren. Besonders als Kind hatte ich oft das Gefühl, dass es da noch mehr gibt als das, was wir mit bloßem Auge sehen können, als das, was uns vorgelebt und erzählt wird.

Spirituelle Suche

Meine Eltern haben mich katholisch getauft, aber nie so erzogen. Dennoch entschied ich mich als junges Mädchen, Messdienerin zu werden und etwas scheinbar Veraltetem zu folgen. Mich faszinierten vor allem die spirituelle Stimmung, die christliche Ethik, die immer wiederkehrenden Rituale und das gemeinsame Singen.

Wenn ich keinen Messdienst hatte, saß ich sonntags mit einer Freundin in der Kirchenbank, kannte alle Abfolgen der Messe genau und sang aus vollem Hals mit. Vor dem Schlafengehen betete ich. Doch je älter ich wurde, desto weniger konnte ich mich mit der katholischen Kirche als Institution identifizieren. Ich hätte mir für die Predigt eine Pfarrerin gewünscht und mehr Bezüge zum echten Leben als immer nur die Symbolik aus der Bibel. Ich fühlte mich weder gesehen noch verstanden – und trat deshalb als junge Erwachsene bewusst aus der katholischen Kirche aus. Die christliche Mystik und die unverfälschte Lehre faszinieren und beschäftigen mich jedoch bis heute.

Als Studentin suchte ich Meditationsgruppen auf und las Bücher des Dalai-Lama. Ich studierte nicht nur Journalistik und Kommunikationswissenschaft, sondern auch Geschichte mit dem Schwerpunkt Antike. Einstige Ritualstätten in Griechenland (Delphi) oder Großbritannien (Stonehenge) faszinierten mich; bis heute besuche ich gerne Kirchen und Tempel. Dort schaue ich nicht nur nach dem Alten, sondern fühle nach, was von der magischen Energie noch spürbar ist, welche Energie alle Zeiten überdauert hat.

Ich halte Ausschau nach der Gemeinschaft, nach dem Spirituellen, der Erkenntnis – und natürlich nach dem Rituellen. Ich liebe es, Kerzen in Kirchen aufzustellen und für jemanden zu beten. Ich mag den Geruch von Weihrauch, die ehrfürchtige Stille, und es berührt mich, wenn die Orgel spielt. Darüber hinaus feiere ich allgemein das Leben gern.

In unseren Wünschen sind wir Menschen uns sehr ähnlich. Wir wünschen uns Liebe und Gesundheit, in unseren Tätigkeiten und Beziehungen Erfüllung zu finden sowie genügend Geld zum Leben zu haben. Manche Menschen warten aber darauf, dass ihnen alles quasi in den Schoß fällt. Zu dieser Kategorie gehöre ich definitiv nicht. Wenn mir etwas fehlt, werde ich aktiv. Dann packe ich beispielsweise meine Koffer und mache mich auf die Suche nach einem bestimmten Trick, dem einen Menschen oder der Geheimzutat, die mich dabei unterstützen, ich selbst zu sein. Ich probiere (fast) alles aus, um alles zu sein, außer frustriert und leer.

Halt und Verankerung durch Rituale

Seit ich allein reisen kann, hat es mich in sehr viele Länder gezogen – und ohne mir dessen zunächst bewusst zu sein, landete ich immer wieder bei Ritualen und Zeremonien: auf den Fidschi-Inseln wurde ich Teil einer Kava-Zeremonie, und auf Bali traf ich moderne Priesterinnen. Mittlerweile suche ich diese Gruppen bewusst auf; ich reise an Orte, an denen viele Rituale gelebt werden, wie etwa nach San Marcos La Laguna in Guatemala, nach Ubud auf Bali oder auch nach Berlin. Dort habe ich Freunde fürs Leben gefunden, und sie haben mein Leben bereichert. Die Rituale geben mir Halt und Zuversicht. Sie lösen sicher nicht alle Probleme, aber sie sind in den vergangenen Jahren wichtige Begleiter meiner Transformation geworden, ein geschützter Bereich, wo ich innehalten und mir selbst näherkommen kann.

Durch meine vielen Reisen habe ich immer stärker gemerkt, dass mich alltägliche Rituale wie eine Morgen- und Abendroutine gut verankern, dass mir Frauenkreise oder Yoga- und Meditationsgruppen überall auf der Welt das Gefühl von Verbundenheit schenken und ein Gebet vor dem Essen eine Mahlzeit nahrhafter macht. Rituale haben die Kraft, für Glück, Gelassenheit, Freude, Liebe, Heilung, Verbundenheit, Achtsamkeit und Halt zu sorgen. Und sie sind ein Ort, an dem Veränderung passieren kann. Das Schöne ist, dass ich darin komplett frei bin, wenn diese Rituale sich von Dogmen, Strenge und Religion gelöst haben. Es geht um die Essenz darin: die Verbindung zu sich selbst und allen anderen Wesen der Erde. Ein Rahmen, in dem ich vertrauen und mich authentisch zeigen kann. Ein Ort, an dem es kein Richtig und kein Falsch gibt. Wo ich alles darf, solange es niemandem schadet, und wo ich nichts muss.

Moderne Rituale ersetzen zum Teil das, was die Kirche oder die Familie vor allem in den westlichen Kulturen nicht mehr leisten kann. Es geht darum, mit Gleichgesinnten das Leben und den tieferen Sinn zu erforschen und zu feiern. Und es geht darum, Wurzeln in einer entwurzelten Welt zu finden.

Was genau ist ein Ritual?

Rituale sind symbolische Handlungen nach einem bestimmten Ablauf, die man allein oder als Zeremonie in Gruppen ausführt. Doch die Begriffe sind nicht starr, und die Definitionen variieren. Ein Ritual kann das Zusammenlegen der Handflächen wie bei einem Gebet sein, eine Yogastunde oder ein mehrtägiges Fest. Das Feld ist weit, und je nach Kultur wird ein Ritual unterschiedlich interpretiert.

Die moderne Wissenschaft setzt sich mit dem Thema als Trend auseinander, sagt aber auch, dass der Begriff schwer zu greifen ist. Rituale und Zeremonien sind nichts Starres und schon längst nicht mehr allein im religiösen Kontext oder Brauchtum zu verorten. Sie entwickeln sich wie viele andere Formen, Systeme und Strukturen weiter.[1]

Für mich definiert sich ein Ritual danach, mit welchem Bewusstsein und welcher inneren Haltung sowie Absicht ich es ausübe. Der allmorgendliche Kaffee zum Beispiel: Wenn ich ihn hektisch zubereite und ihn hinunterstürze, während ich die Morgennachrichten im Fernsehen sehe, wird er mich aufputschen und innerlich nervös machen. Brühe ich ihn aber in Ruhe auf und bleibe nur bei dieser Aktion, dann nehme ich mir vor, dass mir diese Kaffeetasse einen schönen Tagesbeginn ermöglicht. Bleibe ich bei dieser einen bewusst getrunkenen Tasse, die ich vielleicht auf dem Balkon genieße, während die Vögel zwitschern, dann habe ich mir selbst ein erholsames Morgenritual geschaffen. Letztlich entscheide ich selbst, was für mich ein Ritual ist und was nicht. Die Voraussetzung ist nur, dass es bewusst erfolgt und nicht gedankenlos und nebenbei wie eine Routine oder Pflichtübung.

Rituale müssen nicht immer in einer großen Zeremonie stattfinden. Es geht auch oft ganz lebenspraktisch darum, sich etwa bei einem selbst gestalteten Baderitual von den Strapazen des Tages zu erholen. Die Kraft liegt darin, dass die innere Ausrichtung im gegenwärtigen Moment das Potenzial hat, ein Leben zu verändern – weil ich mich in einem Ritual selbst dazu motiviere, alles dafür zu tun, um zu heilen und zu wachsen. Und weil ich Vertrauen fasse, dass dies möglich ist. Weil ich mich selbst stark mache und kraftvolle Energien aktiviere, die über mich und mein Ego hinausgehen. Das ist besonders in unsicheren Zeiten hilfreich, was sogar die moderne Hirnforschung bestätigt: »Rituale sind eine Möglichkeit, das Ausmaß an Kohärenz, also jenen Modus im Gehirn, in dem alles einigermaßen gut zusammenpasst und möglichst wenig Energie verbraucht wird, zu verbessern. Das gilt vor allem in schwierigen Problem- oder Umbruchsphasen wie in der Pubertät oder in einer Trauerphase. Sie haben deshalb vor allem in Krisenzeiten eine stabilisierende Wirkung«, erklärte mir der deutsche Neurobiologe Gerald Hüther.

Gemeinsam wachsen

An Rituale muss man nicht glauben, man führt sie einfach durch und vertraut auf ihre Wirkung. Beim Ausüben von Ritualen entsteht eine Kraft in Form von Energie, die für alle zugänglich ist. In dem geschützten Raum eines Rituals können wir eine bessere Realität des Lebens simulieren, indem wir Körper, Geist und Energie harmonisieren und in eine positive Grundstimmung bringen. Dies wirkt noch intensiver, wenn eine Gruppe dasselbe Ziel verfolgt.

Ich leite seit mehr als fünf Jahren Cacao-Rituale[2] und gestalte auch Rituale zu Anlässen wie Geburtstagen, Paarjubiläen und Abschieden. In Einzel-Coachingsitzungen, die ebenfalls nach einem Ritual ablaufen, ergründe ich mit meinen Coachees, was sie davon abhält, ihr Leben ihren Wünschen entsprechend tiefgehend zu verändern.

Bei den Cacao-Ritualen etwa lade ich Menschen für drei Stunden ein, aus ihrem Alltag auszubrechen und in einem Kreis zusammenzukommen. Eigentlich passiert vordergründig nicht viel: Wir trinken zusammen rohen, zeremoniellen Kakao, tauschen uns aus, und ich leite eine Meditation an. Doch in diesem geschützten Raum, der wertfrei und ohne Erwartungen ist, passiert dennoch einiges: Unterdrückte Gefühle lösen sich, die Teilnehmenden kommen auf neue Ideen für ihr Leben, sie lernen eine neue Seite an sich kennen, finden Weggefährten oder tiefe Entspannung (siehe dazu auch Kapitel 5).

Jedes Mal denke ich aufs Neue, wie wichtig diese Räume sind, in denen sich Menschen voller Vertrauen und ohne Leistungsdruck authentisch zeigen können. Da ein Ritual diesen fast schon heiligen Rahmen dazu erschafft, ist es so einfach, sich darin fallen zu lassen und ganz in den Moment einzutauchen – ohne sorgenvolle Gedanken an die Zukunft oder Vergangenheit. Diese Erlaubnis, einfach nur »sein« zu dürfen, ist sehr erholsam, und sie wird gerade heutzutage verstärkt gebraucht.

Bei Ritualen geht es nicht darum, die Augen vor der Welt und vor Problemen zu verschließen. Im Gegenteil: Es geht darum, sich selbst zu stärken, um aktiv sein zu können. Aber nicht aus einem Gefühl der Angst heraus, sondern in Liebe und im vollen Vertrauen, dass alles im Fluss ist. Wer Sicherheit sucht, wird sie nicht im Außen finden. Rituale können jedoch helfen, in sich einen Ort zu kultivieren, der einen Anker bildet und Orientierung gibt.

2

Bewusst aufwachen: die Kraft des Morgenrituals

Mir hat mal jemand gesagt: Wenn du am Tag nicht ein paar Minuten für dich hast, dann hast du kein Leben. Das habe ich auch am eigenen Leib erfahren.

Vor ein paar Jahren noch war mein Morgen immer chaotisch. Ich stellte mir den Handywecker so, dass ich gerade mal eine halbe Stunde Zeit hatte, um zu frühstücken und mich fertig zu machen, bevor ich das Haus fluchtartig verlassen musste. Hektik war jeden Morgen Programm. Während ich noch verschlafen in der U-Bahn saß, merkte ich, dass ich viel zu hastig gegessen hatte und dass meine Haare noch nass waren. Bevor ich mental und physisch richtig im Tag angekommen war, startete im Büro schon die erste Konferenz, und bis zum Abend hörte ich nicht auf, mich nach einer ruhigen Minute mit mir selbst oder nach Bewegung zu sehnen. Am Abend jedoch fühlte ich mich oft zu ausgelaugt, um noch etwas anderes zu tun, als vor dem Fernseher zu chillen oder mit Freunden in lauten Restaurants oder Bars zu sitzen. Als ich meine Augen und den Tag schloss, war ich innerlich genervt und nahm die Unruhe mit in die Nacht. Oje, morgen würde das alles wieder von vorn losgehen. Wo blieb da Zeit für mich?

Erst vor ein paar Jahren entdeckte ich, dass ich so etwas wie ein Morgenritual in meinen Alltag einflechten konnte. Ich las immer mehr Bücher und Artikel über Achtsamkeit und Meditation. Und ich erfuhr, dass die meisten Meditierenden am frühen Morgen üben, denn dann steht die Welt noch relativ still. Man befindet sich nicht im Robotermodus und hakt die Meditation nicht wie einen weiteren Punkt auf der To-do-Liste ab, sondern versucht, bewusst in den Tag zu »flowen«.

Mein persönliches Morgenritual

Seit geraumer Zeit stehe ich nicht mehr mit dem linken Bein und dem Gedanken »Das wird nicht mein Tag« auf. Denn inzwischen liebe ich meinen Morgen.

Ich stehe um sieben Uhr auf und mache direkt im Anschluss bewusst mein Bett. Somit habe ich ein erstes Erfolgserlebnis und setze einen ersten positiven Impuls. Bevor ich irgendein technisches Gerät einschalte oder mein Smartphone aus dem Flugmodus hole, trinke ich ein großes Glas Wasser: mein Mini-Detox-Ritual. Danach setze ich mich auf mein Meditationskissen und beobachte fünfundzwanzig Minuten lang meinen Atem. Wenn Gedanken kommen, lenke ich meine Aufmerksamkeit wieder bewusst auf den Atem. An manchen Tagen fällt es mir leichter, an anderen schwerer. Auf jeden Fall habe ich so aber schon *Quality Time* mit mir selbst verbracht, und ich muss nicht versuchen, sie später noch irgendwie in einen stressigen Tag zu quetschen.

Die Stille während der Meditation ist ein guter Ausgleich zu Angst- und Stressgefühlen sowie negativen Verstimmungen. Wenn ich den Morgen in Gelassenheit und ganz bei mir selbst beginne, wirkt sich das positiv auf den ganzen Tag aus. Jedenfalls merke ich es ganz deutlich, wenn ich mein Morgenritual mal nicht abhalten kann: Ich fühle mich dann schneller verloren und bin rastloser. Wenn ich morgens etwa als Erstes die Nachrichten checke, bin ich gleich in der Außenwelt und bei allen möglichen Problemen und finde kaum noch in die innere Ruhe zurück.

Nach der Morgenmeditation bewege ich mich für fünfundzwanzig Minuten. Mal tanze ich, mal mache ich Yoga-Dehnungen oder Hanteltraining, oder ich gehe an der frischen Luft walken. Ich habe festgestellt, dass ich nicht an jedem Tag gleich bin, und deshalb mache ich auch nicht immer dieselben Bewegungen. Ich lasse mich von meinem Körper anleiten.

Nach der Bewegungseinheit setze ich mich an meinen Küchentisch oder nach draußen in die Natur und schreibe etwa zehn Minuten lang auf, was mir gerade durch den Kopf geht. Das ist eine wunderbare Übung, um mit einem frischen, ausgeruhten Kopf Gefühle auszudrücken oder um sich zu ordnen. Zu dieser Tageszeit bin ich meist weniger kritisch mit mir selbst und auch ideenreicher. Ich halte fest, wofür ich dankbar bin und worauf ich mich an dem jeweiligen Tag freue. Das können Kleinigkeiten sein wie ein Telefonat mit meiner Nichte oder ein Bummel zum Lieblingscafé. Anschließend gehe ich unter die Dusche (ich dusche zur Aktivierung des Körpers zuerst kalt), und dann bin ich bereit für das Frühstück. Der Tag kann beginnen! Beim Frühstücken oder Geschirrspülen kommen mir oft ganz spontane und erfrischende Ideen. Ohne dass ich konkret danach suche, sprudeln sie einfach so hervor.

Dies ist mein selbst erschaffenes Morgenritual, ohne das ich nur halb so fit, kreativ und beweglich wäre. Es aktiviert mich und gibt mir das Gefühl, etwas für mich, meinen Körper, meine Energie und meinen Geist getan zu haben – bevor ich mich meinen Tätigkeiten und anderen Menschen widme. Ich kann es überallhin mitnehmen, notfalls kürzen und theoretisch auch zu jeder anderen Tageszeit durchführen. Doch ich kenne mich und weiß: Wenn ich es nicht am Morgen mache, sitzt es mir den ganzen Tag über im Nacken, und ich verschiebe es, bis ich mir gar keine Zeit mehr für mich selbst nehme und ein schlechtes Gewissen habe. Immer kommen andere Dinge dazwischen, und ich neige dazu, die dann wichtiger zu finden (manchmal sind sie es auch). Außerdem bin ich auch ein praktisch denkender Mensch: Früh bringt mir die bewusste Auszeit mehr. Ich kann die dadurch gewonnene Energie mit in den Tag nehmen und habe das gute Gefühl in mir verankert, Stille, Bewegung und Entschleunigung genossen zu haben. Der Schlüssel ist, sich ganz auf dieses Ritual einzulassen und nichts anderes nebenbei zu machen. Es klingelt nichts, und es läuft kein Radio.

Achtsam in den Tag starten

Das Morgenritual ist keine neumodische Erfindung, sondern eine Weiterführung von Altbewährtem. Sagen wir, eine Anpassung an die modernen Lebensumstände.

Es gab immer schon Menschen, die achtsam in den Tag starteten, etwa mit einem Morgengebet oder mit Frühgymnastik. Beethoven soll die sechzig Bohnen für seinen Morgenkaffee immer genau abgezählt und sich Zeit für das Zubereiten und den Genuss gelassen haben. Wir drücken heute nebenbei auf den Startknopf der Kaffeemaschine. Allein diesen Akt könnte man aber genau so zelebrieren, wie es Beethoven getan hat – mit Liebe und Hingabe zu jeder einzelnen Bohne. Vielleicht indem man diese selbst mahlt und mit dem Handfilter aufbrüht.

Je stärker negative Gefühle wie Stress und Unbeständigkeit zunehmen, desto mehr gerät die Frage in den Fokus, wie man entschleunigt und den Tag am besten beginnt. Auf der Suche nach Glück und Erfolg scheint ein achtsamer Start in den Tag ein gutes Rezept zu sein. In der Selbstverwirklichungsszene, bei Gründern oder anderen Selbstständigen sind mir oft leidenschaftliche Anhänger eines Morgenrituals begegnet. Dabei kann das Morgenritual auch nur aus einem kurzen, aber eindringlichen Blick in den Spiegel bestehen. Apple-Gründer Steve Jobs soll jeden Morgen in den Spiegel geschaut und sich gefragt haben: »Wenn heute der letzte Tag meines Lebens wäre, würde ich all das machen wollen, was heute ansteht?« Falls sein Spiegelbild diese Frage zu oft hintereinander verneinte, änderte er etwas an seinen Vorhaben.

Viele Anhänger eines Morgenrituals haben sich einen richtigen Plan ausgearbeitet, was zunächst etwas überfordernd wirken kann. Der amerikanische Influencer und Autor Tim Ferriss erzählt in seinen Youtube-Videos, dass seine Morgenroutine aus mehreren Elementen besteht. Als Erstes mache er sein Bett, denn damit sei schon einmal eine Aufgabe erledigt, und außerdem sei es für den Geist besser, in einer aufgeräumten Umgebung zu leben und zu arbeiten.

Ein weiteres Ritual innerhalb von Ferriss' Morgenroutine ist die Meditation, ein Standardelement. Er sagt, er könne dadurch zwischen dreißig und fünfzig Prozent mehr am Tag leisten – allein, weil er für rund zwanzig Minuten innehält. Anschließend lässt Ferriss sich buchstäblich hängen: Er hängt sich an eine Stange, um die Greifkraft zu trainieren, aber auch, um den Rücken zu dehnen. Danach kocht er sich einen Tee, der besonders gesundheitsfördernd sein soll (mit Kokosöl und Pu-Erh). Als Nächstes schreibt er Tagebuch, um seine Gedanken zu sortieren, aber auch, um die Prioritäten für den Tag festzulegen.

Connie Biesalski, digitale Zen-Nomadin und eine der erfolgreichsten Reise-Bloggerinnen Deutschlands, schrieb in einem ihrer Newsletter: »Eine Morgenroutine setzt den Rahmen und das Fundament für den Rest des Tages. Wenn du morgens aufstehst, dir direkt einen Kaffee reinknallst und dich vor den Laptop setzt, würdigst du nicht deinen Körper, deine Seele und deinen Geist.«[3] Seitdem sie mehrere Morgenroutinen in ihr Leben integriert habe, lebe sie viel bewusster und gesünder, sei glücklicher und zufriedener, fitter und energiegeladener.

Ich fragte auch bei meinen Freundinnen und Freunden nach, wie sie ihren Morgen beginnen. Eine Freundin hat ein kleines Kind und somit natürlich nicht mehr so viel Zeit für sich. Sie muss flexibler sein. Aber sie erzählte mir, dass sie einen Weg gefunden hat, den Tag dennoch bewusst zu beginnen. Sie nimmt sich fünf Minuten, in denen sie die Musik aufdreht, um zu tanzen und ihren Körper zu schütteln. Das ist eine ihrer SOS-Strategien. Und wenn sie es mit ihrem Mann vereinbaren kann, übernimmt er das Kind am Morgen, und sie kümmert sich im Bad um sich, damit sie frisch gewaschen und mit klarem Geist genug Energie für den Tag, für sich selbst und den geliebten Sohn hat.

Ein Pärchen, das ich kenne, teilt sich den Morgen so ein, dass jeder seine Morgenzeit bekommt, während der jeweils andere sich um das Baby kümmert. Danach frühstücken alle gemeinsam.

Ein anderes Paar meditiert jeden Morgen zusammen und macht dann ein kleines Workout mit Sit-ups und Liegestützen. Sie sagen, dass diese gemeinsame Zeit am Morgen viel in ihrer Beziehung verändert habe. Sie haben das Gefühl, mehr zusammen durchstehen zu können und sich grundsätzlich verbundener zu fühlen.

Die Bausteine des Morgenrituals

Beim Morgenritual stehen persönliche Themen im Fokus, die sonst im stressigen Alltag als Erste vernachlässigt werden würden: Gesundheit, aber auch Spiritualität und Kreativität. Kurzum, dieses Morgenritual, das man überall und ohne besondere Hilfsmittel in sein Leben integrieren kann, hat die

Kraft, das Leben und die Beziehungen zu anderen zu verbessern oder sogar entscheidend zu verändern.

Die oben genannten Beispiele zeigen, dass es keine Pauschalempfehlung gibt, die man einfach kopieren kann. Es gibt eher einen Bausteinkasten mit Ideen, den man für sich neu zusammensetzt und an das eigene Leben anpasst. Seinen persönlichen Weg zu finden ist ein Prozess des Ausprobierens und Anpassens – vielleicht auch erst in Minischritten. Wer sich jede Woche nur zehn Prozent mehr Zeit am Tag für sich nimmt, erreicht irgendwann auch hundert Prozent.

Die Ritualbausteine drehen sich um verschiedene Aspekte: Bei der Meditation geht es darum, sich selbst zu erforschen und zu beobachten, den Geist zu beruhigen und zu trainieren. Du gehst also von außen nach innen. Bei den Körperübungen stärkst du deine Muskeln und aktivierst deine Energie. Besonders gut ist es auch, wenn man einen Teil des Rituals in der Natur und an der frischen Luft machen kann. Durch Schreibübungen kehrst du das Innere nach außen und bekommst ähnlich wie bei der Meditation eine neue Perspektive auf dich und das Leben.

Ein weiterer Aspekt ist das Nähren des Körpers. Wenn wir es sonst den ganzen Tag über nicht schaffen, uns gesund zu ernähren, können wir wenigstens am Morgen bewusst essen. Und vielleicht wirkt sich dies sogar auf den Tag aus? Das ist die Gesamtidee des Rituals: den Grundstein für den Tag zu legen, damit wir ihn weniger gehetzt und bewusster durchschreiten. Wichtig ist allerdings, dass das Morgenritual insgesamt Freude bringt, sonst wäre es kontraproduktiv.

Um etwas Neues im Leben zu verankern, braucht es am Anfang immer einen festen Willen und auch Disziplin. Es geht nicht darum, sich selbst zu quälen oder noch mehr To-do-Punkte in den Tag zu packen, sondern eher um die Beschäftigung mit sich und seinen Bedürfnissen, seinem Körper, dem Geist und den Energien. Auf das Leben übertragen bedeutet es, seine sozialen Beziehungen bewusster zu leben und zu stärken, den Körper zu unterstützen und sich selbst den Raum zu geben, sich zu entfalten.

Wer lieber konkreten Anleitungen folgt, um eventuell später etwas Eigenes zu erschaffen, wird diese auch finden. In seinem Buch *Miracle Morning* erklärt Hal Elrod die Elemente eines wundervollen Morgens, der aus sechs Schritten besteht: Stille, Affirmationen, Visualisierung, Körperübung, Lesen und Schreiben.[4] Das gelingt, indem man zum Beispiel am Morgen direkt in seine Trainingsklamotten steigt und erst einmal spazieren geht, in Stille. Wenn Gedanken kommen, konzentriert man sich nur auf die Schritte.

Wer so einen Moment für sich schafft, kann sich während des Tages immer wieder dorthin zurückdenken und -fühlen. Es gelingt dann leichter, wieder zur Ruhe zu kommen.

Nach einer Weile des stillen Gehens kann man eine Affirmation wiederholen. Etwa: »Ich bin ein wunderbarer Vater« oder: »Ich bin eine Bestsellerautorin« – was auch immer man im Leben oder an diesem Tag sein möchte. Danach stellt man sich vor, wie man den Tag und seine speziellen Anforderungen meistert – ob es ein wichtiges Telefonat ist oder Klavierspielen.

Es geht darum, sich mental vorzubereiten und zu visualisieren, wie man dies erfolgreich tut. Danach sollte man nach

Hause rennen, um ins Schwitzen zu kommen und den Puls zu erhöhen. Nun ist das Gehirn aufnahmebereit für inspirierende Bücher zur Persönlichkeitsentwicklung, mit denen man sein Wissen erweitert. Nach zehn Minuten soll man die Ideen aufschreiben, die einem gekommen sind.

Elrod sagt, indem er sich vor acht Uhr eine Stunde lang sich selbst gewidmet hat, habe sich sein Leben in nur zwei Monaten auf magische Art verändert.

Das, worüber die meisten stolpern und was bestimmt bei dir auch schon die ganze Zeit im Kopf mitspricht: Aber woher nehme ich die Zeit? Oje, noch früher aufstehen? Gerade Menschen, die sich selbst nicht als Morgenmenschen beschreiben und die dreimal hintereinander die Snooze-Taste drücken, fühlen sich besonders herausgefordert. Und natürlich Menschen mit einer Verantwortung für andere, wie Eltern. Oder diejenigen, die aus beruflichen Gründen schon sehr früh aufstehen müssen. Falls es mal superschnell gehen muss, kann man das Ritual auf sechs Minuten reduzieren, indem man für jeden Schritt daraus eine Minute einplant, schreibt Elrod.

Man kann dieses Ritual der »Zeit mit sich selbst« auch mittags oder nachmittags durchführen. Und für Nachteulen finden sich am Ende des Buches Ideen (siehe Kapitel 11), wie man ein Ritual für den Abend gestaltet, das weniger auf Aktivierung abzielt, sondern eher auf Entspannung.

Ich habe einen Startvorteil, denn ich liebe Sonnenaufgänge und Morgenluft. Ich stehe freiwillig früher auf, weil am Morgen alles frisch riecht und die halbe Welt noch schläft. Ich kann die Ruhe richtiggehend spüren. Vor neun Uhr ruft mich niemand an, und niemand erwartet, dass ich schon E-Mails beantworte. Die Zeit zwischen sieben und neun Uhr gehört also mir. Das allein ist schon ein wunderbares Gefühl, das mir keiner nehmen kann.

Meditation als kraftvolle Stütze

Ich habe die Meditation bereits vor vielen Jahren in mein Leben integriert, und sie ist der Hauptbestandteil meines Morgenrituals – deswegen will ich an dieser Stelle noch einmal genauer darauf eingehen.

In Seminaren, Retreats, Ausbildungen, aus Büchern und über digitale Kanäle habe ich viele Techniken und Praktiken kennengelernt. Am liebsten ist mir bis heute die schlichte und klare Form, bei der es im Grunde nur darum geht, mit der Fokussierung auf den Atem in die Stille zu gehen und dort zu sich selbst zu finden. Das klingt einfach, und das ist es auch. Doch wie so vieles im Leben bedeutet Meditation auch, dass es der Übung und einer starken Willenskraft bedarf. Erst durch das ständige Üben stellen sich mit der Zeit die positiven Effekte ein.

Ich habe den Meditationsforscher Dr. Ulrich Ott, der das Buch *Meditation für Skeptiker*[5] geschrieben hat, dazu interviewt. Er hat mir erklärt, dass viele Menschen Meditation immer noch als religiös einordnen und das Gefühl haben, damit Dogmen aufzunehmen. Aber letztlich sei die Meditation eine Übung. Mittlerweile gebe es zahlreiche Studien, die die positiven Effekte genau belegen. »Menschen, die regelmäßig meditieren, sind gelassener und mehr im Reinen mit sich und anderen«, bestätigte Ott meine Erfahrungen.

Ich brauche grundsätzlich keine Studien, um zu wissen, ob eine Sache etwas bringt, ich probiere sie meist selbst aus. Doch ich kenne viele Menschen, die erst einmal Beweise lesen müssen: Bringt mir das denn überhaupt etwas, wenn ich da fünfundzwanzig Minuten herumhocke? Ist das nicht Zeitverschwendung?

Ich habe festgestellt: Seitdem ich jeden Tag meditiere, hat sich mein Leben verändert. Deswegen ist die Meditation für mich auch bei der Morgenroutine ein Hauptelement; die anderen Teile sind sinnvolle Ergänzungen, insbesondere die Bewegung. Denn zum Bewusstseinstraining gehört unbedingt auch die Wahrnehmung und Stärkung des Körpers. Am meisten schätze ich aber die Stille, die in der Meditation entsteht. Schon oft bin ich nach fünfundzwanzig Minuten aufgestanden und hatte plötzlich die Lösung für ein Problem, über das ich schon lange gegrübelt hatte. Oder ich fühlte mich energiegeladen, obwohl ich eigentlich nur herumgehockt war. Oder ich hatte die Idee, ein Buch über Rituale zu schreiben. Vermutlich auch deshalb, weil mir bewusst geworden war, dass ich ein eigenes Ritual für mich geschaffen hatte: Jede Meditation beginnt und endet für mich mit einer Verbeugung.

Ich mache diese Verbeugung, weil ich mich auf eine Art vor mir selbst verneige – ich gebe mir den Raum, mich selbst zu erforschen. Und ich gehe folgender Frage auf den Grund: Wer bin ich, wenn ich niemand sein muss? Ich bedanke mich aber gleichzeitig auch bei meinem Leben und merke, dass mein Körper sich so konditioniert, dass er weiß: Aha, wenn Christine sich verbeugt, dann geht sie in die Stille. Wenn sie sich dann später erneut verbeugt, werde ich wieder bewegt und nehme die Erfahrungen mit. So gewöhnt sich der Körper an die aufrechte Haltung in der Stille und hat immer weniger den Impuls, sich zu bewegen, während ich meditiere.

Die Kraft der Gewohnheit stellt sich ein, wenn ich bei einem Ritual nicht mehr nachdenken muss, sondern einfach mache und nicht mehr allzu viel hinterfrage oder viel Willen aufbringen muss, um mich hinzusetzen. Ich habe meinen Platz, ich kann es fünfundzwanzig Minuten lang mit mir aushalten. Ich vertraue in die Wirkung. Allen Morgen-Skeptikern kann ich sagen: Guter und ausreichender Schlaf ist natürlich immer noch eines der kraftvollsten Rituale im Leben, doch eine Meditation und anschließend Bewegung sowie eine kalte Dusche machen mich auf eine andere Weise frisch als zehn Stunden Luxusschlaf. Ich fühle mich sehr klar und wach, schleppe weniger Gedanken und Grübeleien durch den Tag. Ich bin gelassener und handle authentischer. Das bedeutet, ich kann klarer ausdrücken, was ich will und was nicht. Ich tue automatisch mehr Dinge, die mir guttun. Und positive Energie wie Freude zieht ebenso freudvolle Momente an.

Natürlich klappt nicht immer alles perfekt, aber es läuft besser als früher, in einem unbewussten Leben, in dem ich mich beinahe verloren hatte, weil ich dachte, zu wenig Zeit für mich zu haben. Schon allein den Fernsehkonsum deutlich einzuschränken und mehr im Homeoffice zu arbeiten, hat mir viel Zeit geschenkt.

Angefangen habe ich übrigens mit nur zehn Minuten Meditation am Tag. Das ist eben das Schöne: Jeder kann sich sein Morgenritual so gestalten, dass es zu den persönlichen Lebensumständen passt. Und bei Bedarf kann man es ausweiten oder kürzen. Meine Erfahrung ist jedoch, dass es gut ist, ein Ritual über mehrere Wochen gleich zu gestalten, damit es sich etablieren kann – und dann kann man dies immer wieder weiterentwickeln, denn ein Morgenritual wächst mit dem Leben mit: Vielleicht gibt es Phasen, in denen ich meinen Geist mehr trainieren möchte und dann wieder den Körper. Aber wenn ich jeden Tag wechsle, weiche ich auch Widerständen aus, denen ich mich jedoch stellen muss, damit ich durch bewusste Überwindung innerlich wachsen kann.

Es ist wichtig, dass das Morgenritual auch Spaß macht und Raum zum wachen Träumen lässt. Es sollte keine lästige Pflicht oder ein strenges Selbstoptimierungstool sein, sondern Lust darauf machen, morgens aufzuwachen. Und dann kann uns diese Zeit am Morgen beschenken: Das Morgenritual gibt Struktur und Halt – auch wenn ich reise oder durch äußere Umstände instabile Lebenssituationen auftreten. Es unterstützt uns dabei, immer (selbst)bewusster zu werden, und etabliert gute, gesunde Gewohnheiten im Leben: Selbstliebe und Selbstfürsorge. Es bietet einen Raum, um neue Ideen für das Leben zu finden oder früh genug zu merken, wenn etwas schiefläuft.

Jeder Mensch kann ein Morgenritual für sich finden und dabei kreativ sein. Und auf Dauer bewirkt es eine Veränderung zum Positiven.

Ich möchte dich dazu ermutigen, es auszuprobieren und zwischendurch mal damit aufzuhören, damit du den Unterschied spüren kannst: Wie fühlt sich ein Morgen ohne Ritual an? Ein bewusstes Zurückkehren kann sich wirklich befreiend anfühlen, denn dann ist das Ritual weniger eine Frage der Disziplin als der Hingabe.

Was ich gelernt habe

- Jedem neuen Morgen liegt ein Zauber inne: Seitdem ich mir ein eigenes Morgenritual geschaffen habe, liebe ich es aufzustehen.
- Wenn ich etwas nicht gleich am Morgen für mich selbst mache, mache ich es nie.
- Es ist ein bestärkendes Gefühl, am Morgen schon etwas für sich selbst getan zu haben. Es motiviert mich, gibt mir Kraft und Halt.
- Ein Morgenritual sollte Spaß machen und nicht ein weiterer Termin im Kalender sein.

Ein Ritual, das ich empfehle

Das Morgenritual

Starte gleich morgen mit deinem persönlichen Ritual, das meditative und Bewegungselemente enthalten kann. Ein paar Ideen: Meditation (vielleicht auch mithilfe einer App oder geführter Anleitungen), Sport, Tagebuch schreiben, kalt duschen, bewusst essen und trinken. Du solltest danach voller Energie und Optimismus in den Tag starten können.

Falls du keine Zeit hast, schreib wenigstens drei positive Affirmationen auf, wie du dich heute fühlen willst.

Falls du absolut kein Fan von Festgelegtem bist, dann nimm

dir einfach immer dasselbe Zeitfenster (etwa von acht bis neun Uhr oder kürzer) und mache in diesem Rahmen, was du gern für dich Bewusstes tun willst und was vielleicht in deinem Tagesablauf sonst keinen Raum findet (spazieren gehen, lesen, Trampolin springen, singen, tanzen, malen, Yoga, Musik hören). Du solltest die Zeit möglichst allein verbringen. Fernsehen und digitaler Konsum – also jegliche Form der unbewussten Ablenkung – scheiden als Optionen aus. Schreibe auch lieber mit einem Stift auf Papier als auf dem Computer oder Handy.

Schau, was für dich machbar ist, und richte dir dauerhaft alles so ein, dass du gleich starten kannst: Schaffe Raum für einen Meditations- und/oder Yogaplatz in deiner Wohnung und ziehe dir am besten gleich nach dem Aufstehen bequeme Kleidung an, in der du meditieren und Sport machen kannst.

Halte dasselbe Ritual für zwei Wochen durch und schaue dann, was du eventuell ändern willst und wie sich das Ritual auf deinen Alltag auswirkt: Startest du mit mehr Energie und Gelassenheit in den Tag? Verläuft dein Tag anders?

35

3

Achtsam durch den Tag: Rituale im Alltag und bei der Arbeit

Von Routinen war ich früher oft latent genervt. Zu Routinen gehören täglich so viele Handgriffe und Arbeitsschritte, die mir meist eher lästig waren (und zum Teil immer noch sind): Müll rausbringen, Küche putzen, Haare kämmen, Zähne putzen, einkaufen, kochen, E-Mails beantworten, und die Liste geht noch ewig weiter. Jeden Tag startet alles aufs Neue, und die Aufgaben enden nie.

Und dann gibt es natürlich auch die Routinen, die ich mir selbst schaffe, weil ich sie mag: Tee am Nachmittag oder baden am Abend. Aber Alltagsroutinen allein sind noch keine Rituale. Unser Gehirn strebt nach Routinen, also immer gleichen Abläufen, weil es Energie spart, wenn es auf Autopilot schalten kann. Bei Routinen handeln wir unbewusst und nebenbei. Aus einer Routine wird ein Ritual, wenn wir im vollen Bewusstsein und mit einer klaren Absicht handeln. Das, was wir jeden Tag wiederholen, prägt unsere Identität. Und, wie eine Freundin mal sagte: »Doofe Routinen sorgen für ein doofes Leben.« Ja, genau, dachte ich mir, dann tausche ich doch einfach die doofen Routinen durch gute Rituale aus und mache den Alltag zu einem wunderschönen großen Ritual, dann habe ich ein gutes Leben.

Aus Routinen Rituale machen

Ein Freund von mir beschloss eines Tages, sich in ein persönliches Retreat zu begeben. Er nahm sich ein paar Tage Auszeit von Job und Familie und verbrachte Zeit allein an einem ruhigen Ort in der Natur. Ich fragte ihn: »Was wirst du den ganzen Tag machen? Wie wirst du üben?« Er antwortete: »Ich gehe, ich stehe, ich sitze, ich liege.«

Das klang nach der einfachsten Übung, die ich je gehört hatte. Aber als ich länger darüber nachdachte, merkte ich: Das ist die Königsdisziplin. Denn damals konnte ich definitiv von mir sagen, dass ich kaum im Jetzt war, sondern meist schon daran dachte, was der nächste Schritt war. Wenn ich saß, dachte ich daran, wohin ich bald wieder gehen würde. Wenn ich lag, dachte ich daran, dass ich aufstehen sollte. Wenn ich ging, überlegte ich, wo und wann ich anhalten würde. Wenn ich nachmittags schrieb, überlegte ich zwischendurch, was ich zu Abend essen wollte. Wenn ich mich mit einer Freundin traf, spielte ich im Kopf durch, was ich anschließend noch erledigen wollte. Wenn ich meine Küche putzte, dachte ich daran, dass das Bad auch mal wieder an der Reihe wäre. Über die Jahre hatte ich mir Multitasking antrainiert, um möglichst viel sehr effizient erledigen zu können. Dafür wurde ich gelobt und geschätzt. Es machte mich wertvoll. Doch es erschöpfte mich auch.

Als ich dann mit der Meditation angefangen habe und sie zu meinem täglichen Achtsamkeitsritual wurde, war ich oft geizig mit meiner Zeit und dachte: Was für ein Luxus, wenn du dir pro Tag fünfundzwanzig Minuten für das Meditieren nimmst. Die Zeit könntest du auch mit Freunden verbringen oder in die Arbeit investieren. Ein Tag hat vierundzwanzig Stunden – ist dies nun viel oder wenig? Ich sagte damals zu meinem Meditationsmentor Martin: »Ich habe gar nicht so viel Zeit zum Üben!« Und er fragte mich: »Wie lange schläfst du?« »Acht Stunden.« Er sagte: »Siehst du, dann bleiben dir noch sechzehn Stunden Zeit zum Üben.«

Zunächst hatte ich seine Antwort nicht richtig verstanden, dann wurde mir bewusst, was er mir zeigen wollte: Die Tätigkeit ist nicht entscheidend, es geht eher um die Haltung, das Bewusstsein und die Intention, mit der ich etwas mache. Also, wie ich die Dinge im Alltag angehe, und ob ich es schaffe, dabei ganz im Moment zu sein – wie bei der Meditation, wenn ich mich nur auf das Atmen und den Jetzt-Zustand meines Körpers konzentriere und die Achtsamkeit trainiere. Schließlich meditiere ich nicht, um einer Religion zu folgen, mich der Welt zu entziehen und zu einer Eremitin zu werden. Nein, mein Wunsch ist es, aus vollem Herzen zu leben und ein authentisches Leben zu führen. Ich will kein Opfer meiner Gedanken sein und keine Getriebene meiner inneren Unruhe, die durch gesellschaftliche Ideale angeheizt wird.

»Wer rastet, der rostet« ist ein Spruch, den jeder kennt. Auch wenn sich unsere Gesellschaft langsam wandelt und Entschleunigung zunehmend akzeptiert wird, ist das Arbeitsethos doch sehr hoch. Menschen, die die Wochenenden durcharbeiten, genießen in der Regel mehr Ansehen als diejenigen, die sagen: Ich verkürze meine Arbeitszeit und verzichte auf Beförderung und Geld.

Und ich? Ich bin der Typ, der zwischendurch auch mal in die Luft schaut. »Hans-guck-in-die-Luft« ist ein romantischer Träumer – aber würde man ihm eine wichtige Arbeit anvertrauen? Ich würde es tun, denn Kreativität ist in einer sich wandelnden Welt einer der wichtigsten Schätze für unsere Zukunft. Und sie entsteht nur, wenn es genug Freiraum gibt.

Aber auch ich hatte für mich gemerkt, dass meine Intention, mein Leben zu entschleunigen und Achtsamkeitsrituale einzubauen, erst einen großen inneren Widerstand auslöste. Ich verurteilte mich selbst als Traumtänzerin und hatte Angst, den Anschluss zu verpassen, wenn ich langsamer würde. Ich hatte Angst, durchs Raster zu fallen, wenn ich nicht mit dem allgemeinen Tempo mithielt und mich mit Kaffee und Überstunden an meine Grenzen pushte. Solange es ging, weil ich gesund bin.

Aber was bringt die Meditationsübung am Morgen, wenn ich den Rest der Zeit so weitermache wie bisher? Oder wenn ich nur ein paar Wochen meditiere und es dann wieder sein lasse? Das ist ganz ähnlich wie bei einer Ernährungsumstellung oder beim Muskeltraining. Nur wenn die Verhaltensänderung Schritt für Schritt stattfindet und langfristig umgesetzt wird, ist sie nachhaltig. Dafür sollte irgendwann der Punkt kommen, an dem man es ganz natürlich, freiwillig und mit Freude macht, weil man merkt, dass es einem guttut. Sonst hält man es nicht ein Leben lang durch und hat keine Freude dabei, was natürlich wichtig ist.

Das Interessante war: Es ist damals niemandem in meinem Gemeinschaftsbüro aufgefallen, und es war ihnen auch egal, wenn ich mehr Pausen machte als sonst, um eine Runde spazieren zu gehen. Die Pausen bedeuteten aber nicht, dass ich zwischendurch noch schnell was erledigte oder Einkäufe abhakte. Ich ging spazieren, wenn ich das Gefühl hatte, dass mein Arbeitsflow stockte. Ich gestattete es mir, einfach nur draußen zu sein, zu atmen und irgendwo in der Großstadt die nächste Naturtankstelle zu finden: einen Park oder einen Ort am Wasser. Meine Intention: alles loslassen und neue Bewegung in meinen Körper bringen. Auch wenn das eine halbe Stunde Zeit »kostete«, war ich danach kreativer und erledigte meine Aufgaben konsequenter.

Übung in täglicher Gelassenheit

Es braucht manchmal nicht sehr viel, um glücklich und gelassen zu sein. Oft reicht es, die kleinen Momente im Alltag wieder mehr zu schätzen und sich selbst mit alltäglichen, kleinen Ritualen zu mehr Gelassenheit zu verhelfen. Das versprechen auch Achtsamkeitstrainer. Rituale sind eine Hilfe, aktiv das Leben zu gestalten, sagt der spirituelle Lehrer Anselm Grün, der zahlreiche Bücher zum Thema Rituale und wie sie uns im Alltag Unterstützung geben, geschrieben hat. »Sie können uns zeigen, dass wir nicht hilflos den äußeren Umständen ausgeliefert sind.«[6] Indem wir ein Ritual zelebrieren, nehmen

wir eine andere Haltung zu Problemen ein und kommen mit
uns selbst wieder in einen harmonischen Kontakt.

Er empfiehlt zum Beispiel, jeden Morgen den Sonnenaufgang
zu beobachten.[7] Eine wunderbare Übung! Viele Menschen tun
es nur im Urlaub, dabei gibt es dieses Sonnenschauspiel überall
auf der Welt zweimal am Tag gratis. Man kann beobachten, wie
die Sonne aufgeht, und gleichzeitig im Inneren wahrnehmen,
wie man langsam aufwacht und für den Tag bereit ist, vielleicht
mit einem Tee in der Hand. Und wenn es abends dämmert, kann
man den Tag für sich abschließen und in den Feierabendmodus
gehen. Was dieses Ritual bei mir bewirkt: Ich fasse immer wieder
Vertrauen, denn auf dieses Ritual der Natur ist absolut Verlass.
Selbst wenn man nicht immer so einen tollen Sonnenuntergang
erlebt wie auf einer Mittelmeerinsel am Strand. Und wenn man
noch tiefer eintauchen mag, dann kann man daran denken, dass
die Sonne in Wahrheit niemals auf- und untergeht. Wir nehmen
es nur so wahr, weil die Erde sich dreht.

Der amerikanische Meditationslehrer und Wissenschaftler
Jon Kabat-Zinn hat nicht nur viele Bücher zum Thema Meditation geschrieben, sondern auch die Wirkung von Achtsamkeit
erforscht – um Menschen zu helfen, besser mit Stress, Krankheiten und Ängsten umzugehen. Allgemein wurde bereits in
zahlreichen nationalen und internationalen Studien nachgewiesen, dass unser Gehirn trainierbar ist und dass Menschen,
die regelmäßig Achtsamkeitsübungen machen, generell besser
mit Stress umgehen können. Aber wie geht das genau? Achtsamkeit habe vor allem etwas mit Aufmerksamkeit und Gewahrsein
zu tun, schreibt er in seinem Buch *Im Alltag Ruhe finden*.[8]

Es geht also darum, ganz im Moment zu sein. Ohne an gestern oder den nächsten Augenblick zu denken, genauso wie bei der Meditation. Ich habe für mich festgestellt, dass es am besten ist, seine eigene Umsetzung zu finden – denn wir alle haben sehr unterschiedliche Leben mit verschiedenen Voraussetzungen und Möglichkeiten. Eine Mutter von drei Kindern, eine Studentin oder ein Sportprofi haben ganz unterschiedliche Tagesroutinen.

Ich bin kein Fan von pauschalen Empfehlungen – und deshalb stricke ich mir immer meinen eigenen Zugang, der zu mir und meinem Leben passt und je nach Lebenslage auch flexibel und ortsunabhängig ist. Denn alles andere engt nur ein und schafft neue Regeln, die eher Stress aufbauen als vermeiden.

Vor Kurzem habe ich die Netflix-Serie *Unorthodox* gesehen, in der der Alltag in einer ultraorthodoxen jüdischen Gemeinschaft in New York gezeigt wird. Für die Angehörigen dieser Gemeinschaft ist der Tag voller Rituale. Einerseits sorgen sie für Verbindung, geben Struktur und Halt. Andererseits fühlen sich viele Mitglieder durch die enge Taktung und die zahlreichen Regeln erschöpft und unterdrückt. Das Individuelle bleibt auf der Strecke, die Menschen verfügen über keine eigene Entscheidungsfreiheit. Sie können nicht das tun, was sie wollen.

Als ich mit einer befreundeten Yogalehrerin darüber gesprochen habe, die auch Rituale anbietet (mit Kakao oder anderen Heilpflanzen), sagte sie: »Jeder von uns hat positive und negative Routinen und Rituale. Es geht immer darum, wie bewusst wir dabei sind und mit welcher Intention und Haltung wir die Tätigkeiten ausüben. Wenn wir aufrichtig, authentisch, liebevoll und bewusst sind, dann können sie für Fokus, Sicherheit und Halt sorgen.«

Achtsamkeitsrituale in den Alltag einbauen

Um konkret Achtsamkeitsrituale in meinem Alltag unterzubringen und schlechte Gewohnheiten durch bessere zu ersetzen, ging ich meinen Tag Schritt für Schritt durch und überlegte mir, welche wiederkehrenden Momente ich bewusst zu einem Ritual machen kann (neben dem Morgenritual, das eher Übungen und weniger konkrete Alltagsmomente enthält).

Als ein Ritual der Selbstliebe eignen sich alle pflegenden und nährenden Momente des Tages besonders gut, also fast alle täglichen Routinen in Bad und Küche. Ich habe mich für das Duschen und Eincremen entschieden, um diese beiden Tätigkeiten des Alltags für mich in ein Ritual des Loslassens zu verwandeln.

Ich stelle mich beim Duschen bewusst unter den Wasserstrahl und spüre, wie das Wasser über meinen Kopf und den ganzen Körper strömt und mitnimmt, was ich nicht mehr brauche. Nicht nur Schweiß und Staub, sondern vor allem auch sinnlose Gedanken, verwirrende Träume der letzten Nacht oder unbegründete Sorgen, die ich mit mir herumtrage. Ich sehe ihnen jeden Morgen gern aufs Neue zu, wie sie einfach im Abfluss verschwinden – und starte leichter in den Tag.

Beim anschließenden Eincremen nehme ich bewusst zu allen Teilen meines Körpers Kontakt auf und streichle oder massiere sie, um mir selbst ein bisschen Liebe und Zuwendung zu schenken. Das alles kostet mich kaum mehr Zeit als sonst, nur mehr Aufmerksamkeit. Während ich dies tue, läuft kein Radio, sodass ich mich nicht über die meist negativen Nachrichten aufregen kann. Ich versuche, nicht schon die nächsten

43

Schritte zu planen oder daran zu denken, wie viel ich an diesem Tag zu tun habe. Wenn es mir gelingt, ganz bei mir zu bleiben, merke ich, wie die Zeit sich ausdehnt und mein innerer Stress abnimmt. Entschleunigung, statt von einer Sache zur nächsten zu hetzen und sich müde durch den Tag zu schleppen.

Auch das Frühstücken kann zu einem achtsamen Ritual werden, etwa das Zubereiten eines Frühstücks-Smoothies. Beim Mischen der Zutaten (Blaubeeren, Mandelmilch, Zimt, Spirulina, Leinöl) gebe ich auch noch eine Prise Liebe und Freude dazu – je nachdem, was ich gerade für den Tag brauche.

Die amerikanische Meditationslehrerin Gabrielle Bernstein hat mich durch ihre Storys auf Instagram dazu inspiriert, beim Zubereiten und Kochen immer einen bestärkenden Satz wie ein Mantra zu wiederholen, etwa: »Ich vertraue, dass sich alles fügt« oder »Ich liebe und werde geliebt«. Bevor ich meinen Smoothie trinke, nehme ich mein Glas in die Hand, halte es einen Moment lang fest und wünsche mir, dass mir diese Nahrung Energie schenkt und mich dabei unterstützt, den Tag gut zu starten. Ein normaler Smoothie verwandelt sich so in einen Zaubertrank voller guter Energie, der mich fortan nicht nur ernährt, sondern auch nährt.

Im Laufe des Tages lege ich immer mal wieder eine kleine Gehmeditation ein, wenn ich etwa auf die Toilette muss oder in die Küche, um mir etwas zu trinken zu holen. Anstatt gehetzt von A nach B zu laufen und mich währenddessen über eine lästige Mail zu ärgern, entscheide ich, mich nur auf das Gehen zu konzentrieren. Dabei versuche ich ganz bewusst, meine Schritte auf dem Boden zu spüren, in der Intention, mich neu zu verankern. Raus aus dem Kopf, rein in den Körper. Nur für einen Moment.

Wenn ich rausgehe, schaue ich zuerst in den Himmel, um meine Gedanken vorbeiziehen zu lassen. Ich finde dieses Ritual verblüffend einfach, aber gleichzeitig auch sehr wirkungsvoll. Himmel gibt es überall, ich muss nur meinen Blick dorthin richten und ihn betrachten. Und dann stelle ich mir vor, dass ich wie der Himmel bin und dass die Wolken die Gedanken und Gemütslagen sind, die vorüberziehen. Keine Wolke bleibt allzu lange an Ort und Stelle. Dieser Blick in den Himmel schenkt mir Vertrauen, dass es in mir auch immer den Himmel gibt, egal, wie viele Wolken sich bilden. Dies fühlt sich an wie eine innere Instanz, die immer gleich (und auf eine Art auch gleichgültig) ist – da kann im Außen passieren, was will. Diese Vorstellung hilft mir dabei, immer besser in eine gelassene und beobachtende Haltung zu finden. Und ich habe festgestellt, dass mehr Raum und mehr Weite immer möglich sind. Dass ich selbst diejenige war, die meine Welt eng gemacht hat, indem ich mich auf ein Problem, einen Gedankengang oder ein Gefühl fixiert habe.

Wir alle müssen in der Regel jeden Tag kleine Wege machen, an einer Ampel warten oder auf den Bus. Anstatt mich in dieser Zeit zu langweilen, zu ärgern oder auf dem Handy herumzutippen, mache ich mein kleines Innehalten-Ritual, um mich einfach auszuruhen. Ich versuche, entspannt zu atmen und sonst nichts zu tun und nichts zu denken. Das klappt mal besser und mal schlechter, aber wenn ich gestresst bin, weiß ich nun um meine kleine Sofort-Strategie, die sich überall durchführen lässt.

Mit Ritualen in den Arbeitsflow kommen

Das Schreiben ist für mich auch ein Ritual, das mir viel Freude bringt, wenn es gut läuft. Ich schreibe meist am Vormittag, direkt nach meinem Morgenritual, weil ich dann besonders fit bin und leichter in einen Flow komme. Ich kann dann fokussiert beim Schreiben bleiben. Vorher trinke ich oft einen rohen Kakao und meditiere für ein paar Minuten am Schreibtisch, um mich zu fokussieren und vorzubereiten. Im Hintergrund läuft ab und zu meine Lieblingsmusik (meist Klassik ohne Gesang), in Sichtweite stehen Blumen, und ich trage immer bequeme Kleidung. Beim Schreiben will ich mich ungestört, behaglich und sicher fühlen. Am liebsten bin ich dann allein. Und wenn sich ein paar Seiten mit Buchstaben gefüllt haben, belohne ich mich mit etwas Schönem – mit frischen Blumen, einem tollen Mittagessen in meinem Lieblingscafé oder mit einer Stunde Faulenzen.

Es ist nicht immer leicht, in einen guten Schreibmodus zu finden. Aber das Ritual, vor allem der Rahmen, hilft mir, immer wieder gut reinzukommen. Es fühlt sich so an, als wüssten mein Körper und mein System, was ansteht, wenn ich mich mit meiner Tasse Kakao an den Schreibtisch setze. Wenn ich es am Vormittag nicht so mache, dann renne ich oft den ganzen Tag dem Schreibflow hinterher und bringe kaum etwas Ordentliches zu Papier. Gerade weil ich keine Chefin mehr habe und auch keine klassische Bürostruktur, ist es sehr wichtig, dass ich mich selbst gut strukturiere. Dies gelingt mir an vielen Tag gut, und das Beste daran ist: Ich liebe es. Meine Arbeit generiert so viel Liebe und Freude in mir, dass ich sie oft gar nicht als Arbeit sehe.

Die Schriftstellerin Toni Morrison erzählte in einem Interview, dass sie immer in den frühen Morgenstunden schrieb. Bevor sie startete, setzte sie sich vor dem Sonnenaufgang mit einem Kaffee hin und wartete, bis es hell wurde. Dann begann sie, mit dem Bleistift ihre Meisterwerke zu schreiben. Freiberufler und Künstler schaffen sich oft ihre Routinen und Rituale, um ihren Tag zu strukturieren und Inspiration zu finden. Kleine Musenküsse kann man durch Rituale quasi in den Tag einplanen. Aus der Individualität entstehen bisweilen noch bizarrere Rituale: So soll Friedrich Schiller in seiner Schreibtischschublade faulende Äpfel gelagert haben, weil er den Geruch zum Schreiben brauchte.

Selbstverständlich arbeiten nicht alle Menschen in der Kreativbranche. Aber auch Spitzensportler folgen ihren Ritualen, um sich in den Zustand der Fokussierung zu bringen und leistungsfähiger zu sein. Rafael Nadal soll vor jedem Spiel fünfundvierzig Minuten lang kalt duschen. »Unter dem kalten Wasserstrahl trete ich in einen anderen Bewusstseinszustand ein, in dem ich spüre, wie meine Kraft und meine Widerstandsfähigkeit wachsen. Wenn ich danach die Dusche wieder verlasse, bin ich ein anderer Mensch. In diesem Zustand existiert für mich nichts anderes als das anstehende Match«, schreibt er in seiner 2011 erschienenen Biografie *Rafa*.[9] Und so manch anderer Leistungssportler hört noch bis kurz vor seinem oder ihrem Einsatz ein bestimmtes Lied über Kopfhörer, um sich zu motivieren.

Der Großteil der Arbeitnehmer muss allerdings mit dem Unternehmen und der dort herrschenden Arbeitskultur leben. Oft haben sie mit Stress und Druck zu kämpfen, was sich nicht förderlich auf Kreativität und Gesundheit auswirkt. Auch hier können Rituale ansetzen. In dem Buch *Arbeitsrituale*[10] findet man ganz unterschiedliche Beispiele dafür, was erneut zeigt, wie flexibel und vielfältig Rituale sind, ob sie nun den kreativen Flow anregen sollen oder Übergänge begleiten. Ein fast schon witziges Beispiel hierzu kommt von einer Firma, die ihre Transformation zum mobil ausgestatteten Büro mit einer Zeremonie einläutete, bei der gemeinschaftlich alle Desktop-Computer mit Hämmern zertrümmert wurden. Es markierte die reale Trennung von Veraltetem. Dieses Ritual haben die Mitarbeiterinnen sicher so schnell nicht vergessen!

Ein simples, aber effektives Ritual aus diesem Buch heißt »der Stein der Konzentration«. Dazu legt man sich einen Stein auf den Schreibtisch und spricht laut aus, was man heute erreichen beziehungsweise abarbeiten möchte. Solange der Stein als stummer Zeuge auf dem Tisch liegt, kümmert man sich nur darum und lässt sich nicht ablenken. Wenn die Arbeit erledigt ist, dankt man dem Stein und räumt ihn wieder weg.[11]

Ein Ritual zum Teambuilding ist »das Glas der kleinen Momente«.[12] Dazu werden kleine »Dankeschöns« auf Zettel geschrieben und in einem für alle zugänglichen Gefäß gesammelt. Darauf kann stehen: »Danke, dass du heute Muffins mitgebracht hast, Simone.« Oder: »Danke, dass du die Frist eingehalten hast.« Diese Momente werden dann zum Beispiel einmal im Monat gemeinschaftlich nach oder vor einem Meeting laut vorgelesen.

Da es manchmal nicht so einfach ist, sich selbst bei der Arbeit zu disziplinieren, und ich oft genug Ausnahmen von meinen eigenen Ritualen mache, vernetze ich mich gern mit

Gleichgesinnten. Ab und zu treffe ich mich auch mit anderen Autorinnen zu einem Schreib- und Austauschritual. Wir schreiben fünfundzwanzig Minuten am Stück in Stille, danach tauschen wir uns zehn Minuten lang aus. Pro Treffen wiederholen wir diesen Vorgang dreimal. So hat jede von uns eine Stunde und fünfzehn Minuten am Stück geschrieben und ist auf jeden Fall weitergekommen.

Mit einer Freundin aus der Nachbarschaft treffe ich mich zum Co-Worken. Wir sitzen gemeinsam im Garten oder in einem Café, und jede von uns arbeitet an ihren eigenen Projekten. Eine Stunde lang nehmen wir uns Zeit für ein kleines »Buddy-Ritual« (so haben wir es genannt). Jede von uns hat eine halbe Stunde Zeit, darüber zu reden, woran sie gerade arbeitet und welche Ziele sie bis zur nächsten Woche umsetzen möchte. Die jeweils andere wird dann in der Woche immer mal nachfragen, wie es läuft, oder auch darauf hinweisen, dass sie sich vielleicht zu viel vorgenommen hat. Wenn ich zum Beispiel mit der Arbeit beginne, sende ich ihr eine kurze Nachricht: »Ich schreibe jetzt drei Stunden!« Und sie ist meine Zeugin, die mich motiviert und lobt. Es ist uns wichtig, kleine Erfolge und Schritte zu feiern, indem wir uns Blumen schenken oder uns ein schönes Mittagessen gönnen. Wir hören uns achtsam zu, sind uns eine Stütze und können so oft eher das Gute als das Schlechte sehen.

Auch der Übergang von der Arbeit zur Freizeit kann sehr gut mit einem Ritual begleitet werden. Ich habe zum Beispiel mal eine Altenpflegerin gecoacht, die nach der Arbeit nur sehr schwer abschalten konnte und das Gefühl hatte, dass viele negative Emotionen und Geschichten an ihr haften blieben. Ich empfahl ihr, das alles mit der Arbeitskleidung abzustreifen. Sich vorzustellen, dass sie damit auch eine Hülle ablegt und nur sie selbst ist, half ihr dabei, unbelasteter in ihr eigenes Leben hinüberzuwechseln.

Lästige Pflichten in Achtsamkeitsmomente verwandeln

Lieblingsmomente in den Alltag einzubauen und Dinge mit voller Aufmerksamkeit und Hingabe zu tun, ist das eine – doch was ist mit den lästigen Pflichten?

Ich hatte lange keine Idee, wie ich auch die unliebsamen Teile meiner Arbeit zu einem Ritual machen könnte: die Steuererklärung etwa oder das Beantworten nerviger Mails. Ein befreundeter Anwalt erzählte mir, dass er am Tag am besten entspanne, wenn er die scheinbar langweiligsten Dinge mache – wie den Schriftverkehr diktieren. Er meinte, dies sei für ihn fast wie ein meditativer Zustand. Er würde dann tief Atem holen, die Worte beim Ausatmen in das Mikrofon sprechen und damit auch Anspannungen loslassen. Wenn er seinen Rhythmus beim Diktieren gefunden habe, fühle sich dies wie ein entspannter Flow an und sei nicht viel anders als in einem Liegestuhl in der Sonne zu sitzen. Ich war verblüfft und dachte mir: Wahnsinn, es ist wirklich so einfach. Weshalb unterscheiden wir eigentlich generell so stark zwischen Arbeit und Freizeit? Und sollte mir nicht meine Steuererklärung auch Spaß machen? Schließlich freue ich mich, dass ich seit vielen Jahren erfolgreich selbstständig arbeite und immer genug Einkommen habe.

Ich verbrachte eine Zeit lang auf Hawaii, um dort zu schreiben und die Inseln zu erkunden. Ich kam in einem riesigen Gartenparadies unter, das von einer Künstlerin und spirituellen Lehrerin geführt wurde. Als Gegenleistung fürs Wohnen sollte ich jeden Tag zwei Stunden in ihrem Garten arbeiten. Der Gedanke daran erfüllte mich zunächst mit Unmut, ich sah diese zwei Stunden als lästige Pflicht an.

Gartenarbeit hatte sich in meinem Leben bis dahin darauf beschränkt, dass ich Blumen in eine Vase stellte. Aber heißt es nicht, dass man dort am meisten lernt, wo man die Komfortzone verlässt? Und tatsächlich: Ich hätte nie gedacht, was für ein guter Achtsamkeitslehrer so ein riesiger Garten und die tägliche Arbeit darin sein kann.

So stand ich am Morgen nach meiner Ankunft mit morschen Gummihandschuhen, Yogaleggings und rostiger Minisense vor meiner Gastgeberin Rashani, Mitte sechzig, die seit mehr als fünfundzwanzig Jahren auf der Insel eine Oase schafft. Ich sollte vor allem das Unkraut entfernen. Ich fragte sie, warum wir manches Grünzeug herausrissen und anderes nicht. »Christine, wir müssen den Raum in und um uns herum pflegen und trimmen, damit nichts überwuchert«, erklärte sie. »Stell dir vor, wie du mit jedem Unkraut auch einen Gedanken entwurzelst, der dich plagt.« Also packte ich es an. Gedanke: Keine Lust! Aktion: Zupf! Ich »erledigte« die lästige Gartenarbeit immer gleich morgens, und Rashani bemerkte meine Haltung. »Christine, betrachte es nicht als Arbeit. Unkraut zu jäten ist das, was du gerade tust. Und du solltest es nicht anders bewerten als andere Tätigkeiten auch. Ob Gartenarbeit, Eis essen oder jemanden küssen – jeder Moment ist erfüllt. Es gibt kein Ziel.«

Als ich weiterhin wenig Begeisterung zeigte, schenkte Rashani mir eine Postkarte. Darauf stand: »Erleuchtung kannst du nur im Alltag finden«. Ich ließ die Worte einsickern. Ich fühlte mich einerseits erwischt und andererseits unglaublich befreit. Und ich erkannte: Es ist wahrlich magisch, wenn die scheinbar langweiligen Dinge genauso viel Freude machen wie das Außergewöhnliche, das ich sonst so liebe.

Die Gartenarbeit hat mich gelehrt, dass es ein wahres Kunststück ist, wenn man jede einzelne Tätigkeit ganz bewusst im Moment macht – ohne Ablenkung, mit einer positiven Haltung und voller Hingabe. Die langweiligsten und simpelsten Dinge können den Rahmen schaffen, um auf die besten Ideen zu kommen, weil sie einen erden.

Wenn ich mir im Laufe des Tages immer wieder etwas Gutes tue, wird alles besser. Wenn ich alles so liebe wie meine absolute Lieblingsbeschäftigung, dann schenkt der Tag mir Energie und Freude, anstatt mich auszulaugen. Denn Freude zieht Freude an. Gleichzeitig sollte man sich aber nicht unter Druck setzen. Es geht nicht darum, den ganzen Tag alles, was man tut, in ein Ritual umzuwandeln. Die innere Haltung, mit der man durch den Tag geht, wirkt sich entscheidend auf die Gesamtstimmung aus.

Was ich gelernt habe

- Wenn ich alle Tätigkeiten mit derselben Hingabe und Freude mache, geben sie mir Halt und Kraft – und sind mir weniger lästig.

- Multitasking ist out. Es ist immer besser, nur eine Tätigkeit mit vollem Bewusstsein zu tun.
- Wenn ich Alltagsroutinen eine Intention gebe, werden sie zu einem Achtsamkeitsritual.
- Alltagsrituale eignen sich sehr gut für Übergänge und zur Abgrenzung von Tätigkeiten.

Ein Ritual, das ich empfehle

Der achtsame Alltag

Gehe deinen normalen Tagesablauf durch und prüfe, wo du eine immer wiederkehrende Routine zu einem bewussten Achtsamkeitsritual machen kannst.

Versuche zum Beispiel, bei Wartezeiten eine kleine Meditation einzubauen. Nutze Kochen, Aufräumen und Körperpflege bewusst für innere Prozesse wie Loslassen, Klarheit oder um Selbstliebe zu kultivieren. Schreibe auf, welche wiederkehrenden Tätigkeiten du ab morgen mit einer eigenen Intention bewusster machen willst. Und wie du Übergänge schaffen möchtest: etwa dreimal bewusst atmen, bevor du den Computer einschaltest. Nimm dir aber nicht zu viel vor. Schreibe nach einer Woche dahinter, wie es sich angefühlt und was sich verändert hat. Welche kleinen Rituale tun dir gut und welche willst du dauerhaft in deinem Leben behalten?

4

In seinem Element sein: Naturrituale

Die Sehnsucht, näher an der Natur zu leben und den Kontakt zu ihr zu intensivieren, ist ein Phänomen, das sich unter Großstädtern stark verbreitet. So ist die schwedische Youtuberin, Fotografin und Lebenskünstlerin Jonna Jinton von Göteborg in den Norden des Landes gezogen und lebt nun in einem alleinstehenden Haus umgeben von Seen und Wäldern, fern der Großstadt-Zivilisation. In ihren Videos, denen mehr als drei Millionen Menschen folgen, ist unberührte Natur zu sehen und mittendrin die junge Frau mit Hund, die sich an den Kreislauf der Natur bindet und ein Leben führt, das automatisch im Fluss ist.[13]

Vom Kampfkünstler Bruce Lee ist ebenfalls eine Flussmetapher überliefert: »Be water, my friend.« Wann immer ich im Leben ins Stocken gerate, weil ich gedanklich in der Vergangenheit oder der Zukunft feststecke, denke ich an diese Lebensweisheit. Ich wiederhole den Satz ein paar Mal und stelle mir vor, dass ich lebendig, fließend und kraftvoll bin wie Wasser. Dann »läuft« es auch gleich wieder etwas besser.

Bei vielen Ritualen werden die Elemente Feuer, Wasser, Erde und Luft mit einbezogen – zur Unterstützung beim Loslassen, Heilen oder Über-sich-Hinauswachsen, letztlich, um Erkenntnisse jenseits von Gedanken zu erlangen und sich für Neues zu öffnen. Ich habe mich weltweit auf die Suche nach Ritualen rund um die Natur gemacht. Meine Recherchen führten mich nach Bali und in die Toskana. Und am Ende zurück zu mir selbst. Ich bin dabei in Kontakt mit allen Elementen der Natur gekommen, die heilende und zerstörerische Kräfte in sich tragen.

Das Element Feuer

Es gibt noch einige Völker, die rituelle Feuerläufe praktizieren – zur Heilung oder für spirituelles Wachstum. Auch in Deutschland werden diese Rituale in Selbsterfahrungs- und Motivationsseminaren angeboten. Die Teilnehmer laufen mit nackten Füßen über glühende Kohlen. Und wenn man sich währenddessen in einem meditativen Zustand befindet, soll man unversehrt bleiben und über sich hinauswachsen.

Ein anderes »heißes« Ritual, das in den vergangenen Jahren vermehrt Zulauf gefunden hat, sind die Schwitzhütten. Traditionell stammen sie aus der Kultur der indigenen Bevölkerung Nordamerikas. Man sitzt in einer dunklen, iglu-förmigen Hütte, in der es wie in einer Sauna durch erhitzte Steine ziemlich heiß wird. Anders als bei Saunagängen (die bekanntlich einen wohltuenden Detox- und Erholungseffekt haben) werden in den vier Runden bestimmte Aspekte der Selbsterfahrung durch Meditationen, Traumreisen oder Fragestellungen berührt. Es geht darum, Erkenntnisse jenseits des täglichen Lebens zu gewinnen und mit dem Unterbewusstsein in Kontakt zu treten. Das starke Schwitzen soll dabei helfen, sich von so manchem zu lösen und es aus dem Körper zu schwemmen.

Ich selbst habe Feuer schon für kleinere Rituale eingesetzt. Ich besitze einen Kamin, und ich habe oft alte, unbequeme Episoden aus meinem Leben einfach aufgeschrieben und sie anschließend verbrannt. Insofern ist das Element Feuer für mich sehr kraftvoll, wenn es darum geht, etwas auszuradieren und in eine neue Phase des Lebens einzutreten. Wie Phönix aus der Asche. Und gleichzeitig braucht man die Energie des Feuers auch, um Neues zu erschaffen.

Einmal hielt ich mit einer Freundin ein Feuerritual ab, damit sie leichter mit einer Beziehung abschließen konnte. Sie war hoffnungslos in einen Mann verliebt, der ihr nicht guttat. Mehrmals schon hatte sie sich getrennt und war doch wieder zu ihm zurückgekehrt. Aber immer fühlte sie sich sehr schlecht damit, weil er depressiv war und sie nicht wertschätzend behandeln konnte. Sie hatte dem Mann einen Abschiedsbrief geschrieben, traute sich aber nicht, ihn abzuschicken. Ich schlug ihr vor, zu mir zu kommen, damit wir den Brief gemeinsam in den Kamin werfen. Wir sahen in die lodernden Flammen, während sie weinte und den Brief dem Feuer übergab. Es blieb ein Haufen schwarzer Ruß zurück. Meine Freundin kehrte den Kamin aus und vergrub diese dunkle Masse, die symbolisch für die negativen Gefühle, für die Traurigkeit und den Schmerz stand.

Am nächsten Tag rief sie mich an und bat mich, in den Kamin zu sehen, ob noch etwas übrig war. Ich stellte ein Teelicht dort hinein und schickte ihr ein Foto. Dazu schrieb ich ihr:»Ja, jede Menge Hoffnung!« Später sagte sie mir, dass sie schneller über den Liebeskummer hinweggekommen war, weil sie den Abschied nicht nur im Herzen und im Kopf beschlossen, sondern ihn aktiv mit dem Ritual besiegelt hatte.

Das Element Wasser

Ich glaube, dass jeder in seinem Element am stärksten ist, und mein Element ist das Wasser. Schon immer habe ich es geliebt zu baden, im Meer zu schwimmen oder unter Wasserfällen zu stehen. Nach einem Bad fühle ich mich nicht nur körperlich, sondern auch seelisch gereinigt. Immer wenn ich im Meer schwimme, stelle ich mir vor, wie die Wellen mitnehmen, was ich nicht mehr brauche. Im Wasser fühle ich mich leicht, getragen, und je nachdem, ob es wild oder ruhig zugeht, habe ich Spaß oder entspanne mich.

So zelebriere ich schon seit Jahren ein Baderitual am Samstagnachmittag. Wenn die Woche hinter mir liegt, wenn ich meine Wohnung geputzt und eingekauft habe, gleite ich in meiner Badewanne ins Wochenende. Ich zünde eine Kerze und ein Räucherstäbchen an, höre meine Lieblingsmusik und gebe Epsom-Salz (Bittersalz) ins Wasser. Es hilft dem Körper, Giftstoffe auszuscheiden. Nach diesem Ritual beginnt für mich die erholsame Freizeit, und ich bin bis Montagmorgen (meist) komplett entspannt. So weit das rituelle Wohlfühlprogramm. Wenn ich aber bewusst loslassen will, muss ich auch das Unangenehme noch einmal fühlen. Und da beginnt die Herausforderung, der ich mich bei einem Ritual auf Bali stellte.

Wasserrituale auf Bali

Wer erleben möchte, wie es sich anfühlt, täglich mit Ritualen zu leben, der sollte nach Bali reisen. In kaum einem anderen Land, das ich kennengelernt habe, sind Rituale und Zeremonien so präsent. Auf der Insel wird eine Mischung aus Hinduismus und der Verehrung von traditionellen Gottheiten praktiziert. Viele Menschen glauben, dass die Ahnen (Verstorbene vieler Generationen) und nicht-sichtbare Energien das Leben der Menschen lenken. Die Götter und die unsichtbare Welt werden in vielen Symbolen dargestellt, und es gibt eine Vielzahl von heiligen Stätten und Tempeln, wo regelmäßig Opfergaben in Form von Blumen, Obst und Räucherstäbchen dargereicht werden.

An meinem ersten Tag in Ubud, einer recht touristischen, aber lebendigen Stadt in der Landesmitte, bin ich bei meinem ersten Bummel auf den Straßen gleich in eine farbenfrohe und von Musik begleitete Prozession hineingeraten. Die Teilnehmer waren traditionell gekleidet: Die Frauen trugen bunte Röcke und weiße Blusen. Die Männer waren in Weiß gekleidet, und auf ihrem Kopf thronte ein Turban. Manche balancierten reich geschmückte Schalen mit Obst auf dem Kopf. Ich freute mich, dass ich gleich einen Feiertag erwischt hatte, aber nach einigen Tagen stellte ich fest: Das war kein Zufall, auf Bali wird fortlaufend etwas zelebriert. Und die Hintergründe sind für Touristen nicht leicht zu verstehen. Es wirkt wie eine eigene Welt.

Ich habe auf Bali gern die Einheimischen beobachtet und gesehen, wie sie schon in den frühen Morgenstunden voller Hingabe die Straße fegen und kleine Opfergaben auf den Bürgersteig vor ihr Haus oder ihr Geschäft legen, meist Blumen, etwas zu essen wie Reis oder Süßigkeiten und Wasserschälchen. Allein nicht darüber zu stolpern ist schon eine echte Achtsamkeitsübung.

Mit den Opfergaben sollen böse Geister besänftigt und gute Geister belohnt werden. Die Einheimischen opfern auch vor jeder Mahlzeit ein bisschen davon an die unsichtbaren Lebewesen und an das Göttliche, an die Natur. Deshalb fliegen die ersten Reiskörner oder Schlucke Tee in die Luft und dann auf die Erde.

Das Haus, das ich damals mit meinen Freundinnen mietete, war gänzlich frei von dieser Magie – aber das wussten wir am Anfang nicht. Von außen betrachtet war es eine schöne Villa mit Pool, aber jede von uns hatte nachts Albträume. Weit und breit waren keine Opfergaben zu finden. Wir waren gerade erst angekommen und kümmerten uns nicht weiter darum. In der vierten Nacht hatten wir das Gefühl, es spukt. Türen gingen auf, und dicke Kröten saßen auf Bilderrahmen. In der fünften Nacht brachen Diebe ein und bestahlen uns, während wir schliefen.

Am nächsten Tag zogen wir aus und suchten uns eine Bleibe,

die viel bescheidener war. Ein einfaches Gasthaus, das von einer einheimischen Familie mit viel Liebe geführt wurde. Hier konnten wir wunderbar schlafen und wurden jeden Morgen vom Duft der Räucherstäbchen geweckt. Das Erste, was wir täglich sahen, waren kleine, liebevoll zusammengestellte Opfergaben vor der Zimmertür. Ich glaube, dass jeder spüren kann, ob es irgendwo harmonisch zugeht oder nicht. Ob ein Ort nur darauf ausgerichtet ist, Touristen Geld aus der Tasche zu ziehen, oder ob es um wahre Gastfreundschaft geht.

Die Balinesin Luh, die ich damals kennenlernte, fand dafür ganz passende Worte: »WLAN kann man auch nicht sehen, aber es ist als eine Schwingung da.« Ich traf mich mit ihr, da sie eine traditionelle Jero-Priesterin ist und gleichzeitig als moderne Frau lebt, und ich mehr über die Welt der Rituale auf Bali kennenlernen wollte. »Um an eine bestimmte Energie anzudocken, braucht es bestimmte Rituale. Das ist wie das Passwort, um ins WLAN zu kommen.«

Sie betonte, wie wichtig es sei, diese kleinen Opfergaben richtig zu platzieren: »Ich zähle sogar die Reiskörner ab«, sagte sie mit einem glockenhellen Lachen. Für alles gebe es genaue Abläufe und Symbole, die sie in ihrer Ausbildung als Priesterin gelernt habe, damit die richtige Energie während eines Rituals präsent sei. Sie selbst versteht sich als Mittlerin zwischen der göttlichen und der menschlichen Welt. »Rituale kann jeder für sich jeden Tag machen. Doch wenn man in einen starken Kontakt mit dem Göttlichen kommen möchte, erfordert das mehr Aufwand und gleichzeitig die Begleitung einer erfahrenen Leiterin. Dann wird es eher zu einer Zeremonie.«

Ich bat Luh damals, mit mir ein Wasserritual zu machen. Ich

habe auf Bali erlebt, dass es eine Vielzahl von Ritualen sowie Heilerinnen gibt, die Einheimischen und Touristen ihre Dienste anbieten. Die Seriösen unter ihnen werden schon früh ausgebildet und widmen ihr ganzes Leben der Aufgabe, andere Menschen zu unterstützen, besonders in schweren Zeiten, beim Verlust eines Angehörigen oder bei einer Krankheit.

Ich hatte von einer jungen Priesterin gehört, die eine Freundin von mir aufgesucht hatte. Sie erzählte mir, dass diese Frau eine unglaubliche Präsenz habe. Während des Rituals, das dem Loslassen der Vergangenheit dienen sollte, schüttete die Priesterin meiner Freundin nach einer Vorbereitung mit Gebeten einen Eimer Wasser über den Kopf. Sie sagte mir, danach sei sie nicht mehr dieselbe gewesen. Sie hatte das Gefühl, dass in diesem Moment eine Art Katharsis stattgefunden und sie sich so befreit wie nie gefühlt habe. Sie weinte danach tagelang fast ununterbrochen und änderte anschließend ihr Leben. Denn alles, was ihr als Kind eingeredet wurde, wie ein Leben funktioniert, und alle Glaubenssätze, die sie sich über sich selbst angeeignet hatte, hatten nach diesem Moment ihre Gültigkeit verloren. Die Selbstsabotage hörte auf, und sie ließ ihr Leben neu fließen.

Die Priesterin Luh erzählte mir, dass Wasser eine besondere Kraft und in ihrer Tradition eine heilige, segnende Bedeutung hat. Das einfachste Wasserritual, das sie mehrmals am Tag durchführe, sei das Trinken. Bevor sie aber das Glas Wasser leere, halte sie es in der Hand und spreche ein Gebet voller Dankbarkeit und Wertschätzung für das Leben. Sie formuliere den Wunsch, dass dieses Wasser sie stärken, beleben und reinigen möge. »Mit einem Mantra kann man die Energie des Wassers ändern«, erklärte sie.

In Zeremonien habe das Wasser als Element eine sehr kraftvolle Bedeutung. Sie erzählte mir, dass sie auch eingeweiht sei, rituelle Beerdigungen zu leiten. Dabei sei es nicht gewünscht, dass die Angehörigen weinten, also Wasser verschwendeten, damit die Toten loslassen und gehen könnten. »Meine Aufgabe ist es, die Seelen nach Hause zu schicken, damit sie die Erde verlassen können, ohne zurückzuschauen. In unserer Gesellschaft ist es tabu, über den Tod zu sprechen, und er hat immer etwas Schockierendes. Dabei geht es eigentlich um tiefen Frieden«, sagte Luh.

Für das Wasserritual fuhr sie mit mir und fünf anderen zu einem Wassertempel. Jede Tempelanlage sieht anders aus, aber viele haben diesen verwunschenen Indiana-Jones-Charme: verwitterte Steine, Lianen und eine geheimnisvolle Stille – bis auf das Geräusch plätschernden Wassers. Luh wirkte an diesem Tag ernsthafter und strenger als sonst. Die dunklen Haare waren zu einem kunstvollen Knoten gebunden, darin steckten weißgelbe Blüten. Sie trug einen gelben Rock und eine weiße Bluse. Als sie mich mit meinen offenen, langen Haaren und dem Blumenkleid sah, musterte sie mich und sagte: »Ich habe dir etwas zum Anziehen mitgebracht. Hast du ein Haarband?« Wenig später hatte ich denselben Look wie Luh – ich sah aber dennoch anders aus, ein bisschen verkleidet, aber eleganter und würdevoller als zuvor.

Es war klar, wer das Sagen hatte, und wir alle folgten Luh stumm die Treppen hinunter zu einem Wasserbecken mit verschiedenen Fontänen. Sie drückte jedem von uns eine kunstvoll geflochtene Schale aus Bananenblättern in die Hand. Darin lagen verschiedene Blüten sowie ein Räucherstäbchen. Wir sollten uns zuerst die gelbe Blüte ins Haar stecken. Gemeinsam knieten wir auf den glitschigen Steinen, während Luh uns anleitete, wie und wo wir unsere Opfergaben hinlegen, anzünden oder halten sollten. Während wir unsere Gaben ablegten, sollten wir eine klare Intention fassen und sie in einem Gebet formulieren. Sie erklärte außerdem, dass ein Ritual auf Bali aus drei Komponenten bestehe: Yantra (Symbole wie Opfergaben), Mantra (Gebet, Lieder, Worte) und Tantra (das Unsichtbare, wie zum Beispiel die Kraft eines Elements oder der Natur). Und es gebe immer drei Zeugen: den Menschen, die höheren Energien (das Göttliche) und die niedrigen Energien (böse Geister). »Es schlummert etwas in euch, das größer ist als ihr selbst«, sagte sie. »Das Leben ist Hingabe, und wenn ihr euch dem Leben öffnet, können wahre Wunder geschehen.« Ein Ritual oder genauer gesagt eine Zeremonie (denn wir waren eine ganze Gruppe) sei wie eine Einweihung, während Körper und Geist sich nach innen kehren und ein neues Alphabet lernen. »Es gibt viele Sprachen, aber die meisten von uns kennen nur die mit Worten«, sagte sie.

Nach dieser Erklärung sollten wir nur mit einem Leinentuch bekleidet in das Wasserbecken steigen – und dort dreimal von Fontäne zu Fontäne gehen – und das Wasser über unseren Kopf laufen lassen. Dabei sollten wir uns vorstellen, dass alle Hindernisse, Blockaden oder alte Erlebnisse, die unserer Intention im Wege stehen könnten, weggewaschen werden.

Ich hatte mir für den Tag vorgenommen, alle Selbstzweifel auszuradieren. Das Wasser durfte alle Menschen und Situationen aus meinem Kopf, Herzen und Bauch löschen, die mich auf eine Weise haben klein wirken lassen. Menschen, die mich zu Unrecht kritisiert haben. Beziehungen, die mir nicht gutgetan haben, und auch Momente, in denen ich vielleicht nicht aufrichtig gehandelt habe. Ich bat um Vergebung und Klärung, um freier zu sein und freier handeln zu können – so wie meine Freundin, die, nachdem ihr der Eimer Wasser über den Kopf geschüttet worden war, endlich den Mut fand, ganz nach Bali zu ziehen und dort zu leben.

Zunächst fand ich es nicht ganz einfach, mich komplett auf das Ritual einzulassen. Doch Luh motivierte mich vom Beckenrand aus wie eine Bademeisterin. Ich erinnerte mich daran, wie ich schwimmen und dabei dem Wasser zu vertrauen gelernt hatte. Bei der dritten Fontäne hatte ich das Gefühl, schon viel leichter zu sein, und es fiel mir vor allem auch gedanklich leichter, einfach dort zu sein und zu spüren, wie das Wasser immer wieder über meinen Kopf und Oberkörper strömte, egal, welche Gedanken und Bilder kamen und wieder gingen. Es war ein bisschen wie ein Rausch. Und am Ende der dritten Runde kam die pure Freude hoch. Ich erinnerte mich daran, wie oft ich schon am Strand, am Flussufer oder an einem See gesessen und die unterschiedlichen Qualitäten des Wassers beobachtet und genossen hatte: das Fließende des Flusses, das Aufbrausende des Meeres und die Ruhe eines Sees. Ich hatte das Gefühl, dieses Becken, in dem ich nur etwa zwanzig Minuten verbracht hatte, verändert verlassen zu haben. Ich fühlte mich leichter und befreiter. Und als ich meine Haare wieder hochgebunden hatte, steckte mir Luh eine andere Blüte ins Haar als zuvor. Sie lächelte mich an und sagte nur: »Gut!«

Oft erlebe ich, dass Menschen, die viel Zeit im Wasser verbringen (wie Surfer und Surferinnen), eine authentische Spiritualität entwickeln und so eine tiefe Verbindung mit sich und
den Elementen eingehen. Sie finden dort Freude, Gefahr, Verbundenheit und Heilung zugleich.

Mit dreizehn Jahren hatte die Surferin Bethany Hamilton
einen Surfunfall, bei dem ihr ein Hai den rechten Arm abbiss.
Ihre Geschichte wird in der Dokumentation *Unstoppable* erzählt. Alle dachten, sie würde nie wieder surfen können. Das
kam für sie jedoch nicht infrage, und so lernte sie, mit nur
einem Arm zu surfen – und wurde eine weltweit bekannte Pro-
fisurferin, die als eine der wenigen Frauen die größten Wellen
der Welt meistert. Genau an dem Ort, wo sie dem Hai begegnet
war und ihren Arm verlor, wuchs sie über sich hinaus.

Bethany Hamiltons Geschichte erinnerte mich an meine
Wasserzeremonie auf Bali, und mir wurde bewusst, dass sich
seitdem vieles in meinem Leben bewegt hatte. Zwei Jahre
waren vergangen, seit ich unter den Fontänen gestanden hatte,
und am Ende der Doku war ich völlig in Tränen aufgelöst.
Warum? Ich bin keine Surferin, aber ich surfe auf den Wellen
des Lebens. Und ich habe mich ähnlich wie Bethany immer
wieder ins Wasser gewagt. Ich bin neue Beziehungen eingegan-
gen, habe neue berufliche Herausforderungen angenommen.
Und es war letztlich »dasselbe Wasser«, also der gleiche Ort, wo
ich zeitweise untergegangen war oder die Orientierung verloren hatte. Plötzlich wurde mir klar: Man kann nur an dem
Ort heilen, wo man auch verletzt oder irritiert wurde. Der erste
Schritt ist, das Geschehene zu akzeptieren, hinter sich zu lassen
und über sich hinauszuwachsen. Und manchmal sollte man

eine Weile auf die richtige Welle warten – dann läuft alles wie von selbst.

Ein Altar für die Wohnung

Von dem Wasserritual auf Bali ist mir ein praktikables Andenken geblieben. Luh hatte damals ganz lebensnah gesagt: »Rituale und Zeremonien sind nicht nur etwas, das Menschen im Amazonasgebiet oder in religiösen Gemeinschaften unterstützt. Du kannst sie ganz einfach in Hamburg machen. Gestalte dir doch einen eigenen kleinen Altar in deiner Wohnung. Auf ihn legst du, was dir wichtig ist. Achte darauf, dass alle Elemente vertreten sind: zum Beispiel ein Stein als Symbol für die Erde, eine Wasserschale für das Wasser, eine Feder für die Luft und eine Kerze für das Feuer.«

An diesem Altar kann man innehalten, sich bedanken und den Tag segnen. Dort kann man sich auch aufladen, wenn das Vertrauen oder der Glaube verloren geht. Auch den Gefühlen kann man freien Lauf lassen und sich wieder besinnen. Immer, wenn das System eine Störung hat, kann es am Altar neu gestartet werden.

Bis heute habe ich so einen »Altar« in meiner Wohnung. Besucher würden die kleine Kommode im Flur vielleicht nicht als Altar erkennen. Dort stehen Blumen, eine Buddha-Figur und eine Kerze – es könnte also auch bloße Deko sein, ist es für mich aber nicht. Darum herum liegen einige Symbole: Steine, die ich an bestimmten Orten gesammelt habe, die ich liebe, und Geschenke von Menschen, die mir wichtig sind. Alle Elemente sind dort vertreten: Der Stein steht für die Erde und gibt mir das Gefühl, Halt zu haben. Die Feder (ein Geschenk von einer Freundin) steht für die Luft und erinnert mich daran, dass ich darauf vertraue, dass ich frei bin und alles Gute zu mir weht. Die Kerze steht für das Feuer, für meine Leidenschaft und gleichzeitig dafür, dass alle Ängste in Flammen aufgehen. Die Blumen im Wasser stehen für die Schönheit des Lebens. Wasser kann meine Tränen und meine Traurigkeit wegwaschen. Schon lange liegt dort auch ein Zettel mit dem Titel: »Rituale. Wie sie uns im Leben stärken.« Aus dem Zettel wurde ein Buch – den Beweis hältst du gerade in den Händen.

Das Element Erde

Wer danach sucht, wird das Magische und Außergewöhnliche, das Rituelle auch vor seiner Haustür finden. Man muss nicht weit reisen, um das Besondere zu entdecken. In Hamburg traf ich mich mit Segismundo, einem Schamanen mit peruanischen Wurzeln. Er lebt schon seit vielen Jahren in Deutschland, wurde aber in Peru zum Schamanen ausgebildet: »Ich erinnere mich oft an die Erzählungen, Legenden und Methoden meiner Großeltern. Mein Weg führte mich zu den Q'eros und anderen Priestern der Andenkosmologie. Bei ihnen lernte ich drei Jahre lang Heilrituale.«

Ich fragte ihn, ob er mir ein persönliches Ritual empfehlen könne, das das Element Erde einschließt und mir hilft, Gefühle loszulassen, zum Beispiel Wut. Er nickte und erklärte mir: »Wir handeln fast zu neunzig Prozent aus unserem Unterbewusstsein heraus. Deswegen ist es so wichtig, dort die Programmierungen und Muster zu ändern. Kraftvolle Rituale können dabei sehr hilfreich sein.«

Er erzählte mir, dass er seit Kurzem erst in Deutschland mit seiner Arbeit an die Öffentlichkeit gehe, weil nun die Zeit reif dafür sei und viele Menschen offen wären, bei der Bewältigung ihrer Probleme neue Wege zu gehen.

Wir meditierten gemeinsam, und ich merkte, wie in mir Wut und Traurigkeit hochstiegen. Diese Emotionen waren auf jeden Fall alt, denn aktuell gab es nichts, was so starke Reaktionen hätte hervorrufen können. Segismundo meinte, sie würden aus der Kindheit stammen, von alten Erfahrungen, die ich damals offensichtlich nicht verarbeiten konnte. Im Prinzip wäre das nicht sehr schlimm, weil ich nun erwachsen sei. Aber oft ist es so, dass sich das innere Kind in uns meldet und seine Verletzungen uns unbewusst steuern, etwa bei der Partnerwahl oder im beruflichen Kontext, wenn man Probleme, die man mit der Mutter hatte, auf die Chefin projiziert oder wenn man den Partner mit dem Vater gleichsetzt. Und dann versucht, etwas in einer anderen Situation zu klären, und oft überemotional reagiert, weil es eigentlich um alte und andere Konflikte geht. Das wollte ich vermeiden, und vor allem wollte ich dafür sorgen, dass sich nicht mein inneres Kind einen Mann aussucht, sondern das erwachsene Ich mit dem Blick für das, was wirklich im Leben wichtig ist.

Der Schamane empfahl mir ein Ritual. Ich sollte von einem Wollknäuel einen Faden abreißen und diesen in kleinere Stücke reißen. Beim Zerreißen sollte ich ruhig schreien, weinen, fluchen – ich sollte das Gefühl rauslassen, das hochkommen wollte. Dabei sollte ich mir sagen, dass ich meine Wut und Traurigkeit aus der Kindheit loslasse. Danach empfahl er mir, die einzelnen Fäden mit einer Blume und Süßigkeiten in der Erde zu vergraben – mit der Bitte um Heilung, Versöhnung und Frieden. Das sollte ich so oft wiederholen, bis es mir besser ging, aber mindestens dreimal.

Ich kaufte mir also ein Wollknäuel, das sich leicht zerreißen lässt, Blumen und Schokolinsen – weil ich die als Kind oft gegessen habe. Nach dem Reißen, bei dem ich tatsächlich laut wurde, vergrub ich das Bündel in meinem Vorgarten in der Erde. Ich wiederholte dieses Ritual vier Wochen lang immer mal wieder, und mit jedem Mal ging es besser, es fühlte sich leichter an. Es war für mich keine neue Erkenntnis, die Emotionen des inneren Kindes zu verarbeiten. Was ich aber merkte: Wenn man etwas nicht nur mit den Gedanken und dem Willen steuert, sondern es auch ausagiert, fällt es leichter, es wirklich loszulassen, denn ich kann mich immer wieder an den Moment erinnern, als ich das Alte »beerdigte«.

Das Element Luft

Nach diesen Erfahrungen fühlte es sich in meinem Inneren so an, als wehe ein frischer Wind! Nun war es an der Zeit, selbst kreativ zu werden. Viele meiner Coaching-Klienten kommen auf kreative Ideen für eigene Rituale, um mit Einschnitten im Leben klarzukommen: Abschiedsbriefe, die sie als Flaschenpost in die Elbe werfen, oder bemalte Steine, die sie in der Erde vergraben. Und so strickte ich mir auch mein eigenes Luft-Ritual.

Ich schwang mich auf mein Fahrrad und ließ mir den Fahrtwind um die Nase und durch die Haare wehen. Allein das fühlt sich für mich jedes Mal nach Freiheit an. Ich ließ die Großstadt hinter mir und fuhr in eine ländlichere Region, bis ich auf einem Deich stand. Dort stellte ich mich wie eine Vogelscheuche mit ausgebreiteten Armen auf und ließ mich durchpusten. Gleichzeitig schickte ich ein Gebet raus: »Lieber Wind, nimm einfach mit, was nicht zu mir gehört und was nicht in mein aktuelles Leben passt. Schaffe Platz und trage zu mir, was zu mir kommen soll.« So stand ich da und atmete die frische Luft, füllte meine Lunge ganz bewusst auf, sodass ich die Lungenflügel spürte, die sich hoben und senkten wie ein Blasebalg. Einfach und wunderbar!

Naturfeste

Viele Feste und Feierlichkeiten sind an Jahreszeiten und die Natur geknüpft. Zum Beispiel das Erntedankfest, bei dem es darum geht, sich zu bedanken und gleichzeitig auch um etwas zu bitten, in diesem Fall um Fruchtbarkeit. Es gibt die Übergänge von der einen Jahreszeit zur anderen. Als Jahreskreisfeste wurden ursprünglich die acht naturbezogenen Feiertage wie Sommersonnenwende und Wintersonnenwende der Kelten und Germanen bezeichnet. Darunter fällt auch Beltane (die Nacht vor dem 1. Mai) oder Samhain (die Nacht vor dem 1. November). Weil die germanische Mythologie zur Zeit des Nationalsozialismus ideologisch missbraucht wurde, gibt es teilweise Vorbehalte in Deutschland gegenüber Ritualen und den Jahreskreisfesten. Doch es gilt zu erkennen, dass diese Feste eine lange Tradition haben und für falsche Zwecke instrumentalisiert wurden. Im Ursprung geht es darum, dem Zyklus der Natur zu folgen und diesen zu ehren. Denn wir sind ein Teil des Ganzen, und auch wir verändern uns mit den Jahreszeiten.

Vor rund zehn Jahren habe ich während meiner Ausbildung an der Henri-Nannen-Journalistenschule eine Reportage über »neue Hexen« gemacht und dafür Hexenläden und -schulen besucht sowie Menschen interviewt, die sich als Druiden und Hexen verstehen. Schon damals zeigte sich, dass die Sehnsucht nach Ritualen mit Gleichgesinnten, magischen Momenten im Leben und der Beschäftigung mit Kräutern, alten Weisheiten und Heilkunde sowie dem Zyklus der Natur wieder mehr Menschen bewegt, darunter auch viele junge Frauen, die eine Alternative zum Mainstream und andere Vorbilder suchen. Zu der Zeit habe ich beobachtet, dass sich die Szene eher unter sich traf und mehr im Verborgenen und Geheimnisvollen blieb.

Heute erlebe ich die Bewegung anders. Ich habe sehr viele Freundinnen und Bekannte, die regelmäßig ihre Wohnungen mit Salbei räuchern, um sie zu reinigen, oder die Jahreskreisfeste auf ihre Art feiern und dabei traditionelle Elemente wie etwa den Sprung über das Feuer während der Sommersonnenwende integrieren. In den sozialen Netzwerken finden sich viele Beispiele, dass diese Rituale wieder aufleben und Winter- und Sommersonnenwenden zum Anlass genommen werden, um sich mit dem größeren Ganzen zu verbinden, seinen inneren Rhythmus mit dem der Natur abzustimmen und Übergänge bewusst wahrzunehmen. Die Tradition inspiriert, aber sie bestimmt nicht zwangsläufig die Abläufe.

71

Ich stelle insbesondere fest, dass sich wieder mehr Menschen mit den Mondzyklen und der Astrologie beschäftigen und dazu regelmäßig Rituale durchführen. Neulich war ich zu Besuch bei einer Wohngemeinschaft, in der einige Frauen Mitte zwanzig leben. Sie erzählten mir, dass sie alle Jahreskreisfeste wieder auf ihre Weise zelebrieren. Als ich sie besuchte, war gerade Vollmond, und die Frauen setzten sich am Abend zusammen, räucherten den vom Mond beschienenen Raum mit Kräutern aus dem Garten und zogen Orakelkarten. Bei diesem Orakel ging es um Bäume sowie deren Qualitäten. Ich zog die Esche. Schon das Bild löste einen starken Impuls in mir aus: Mir gefiel, dass da mitten im Stamm eine strahlende Frau stand, fest verwurzelt und sichtbar. Die Karte riet mir, mein inneres Licht scheinen zu lassen. Es passte genau zu meiner damaligen Lebenssituation.

Es gibt viele Rituale zum Voll- oder Neumond. Ich habe selbst schon an einigen dieser Rituale teilgenommen, und sie sind, je nachdem, wer sie ausrichtet, immer ein wenig anders gestaltet. Meditationen oder Schreibübungen werden angeleitet, es wird gemeinsam gesungen, getanzt, und meist erzählt die Gruppenleiterin oder der Gruppenleiter noch etwas zu aktuellen astrologischen Konstellationen und deren Auswirkungen. Tendenziell geht es darum, bei Vollmond etwas aus seinem Leben zu lassen und bei Neumond etwas Neues in sein Leben zu ziehen.

Die Astrologin Giorgia Pecora[14], bei der ich mir jedes Jahr an meinem Geburtstag einen Rat für das bevorstehende Lebensjahr hole, erklärte mir: »Der Mond repräsentiert unsere tiefsten persönlichen Wünsche und Bedürfnisse. Er hat einen starken

Einfluss auf unseren spirituellen Körper, und jede Mondphase besitzt einzigartige Eigenschaften.«Wenn wir auf die Zyklen des Mondes eingestellt sind und lernen, unser Leben nach jeder Mondphase zu leben, können wir unsere Kräfte aktivieren und diese Energie nutzen, um uns besser mit uns selbst zu verbinden. Der Neumond ist eine Zeit für die innere Reflexion, »es ist ein großartiger Moment, um sich ein Ziel zu setzen und Wünsche zu visualisieren«. Der Vollmond hingegen, erklärte mir Giorgia weiter, ist eine Zeit des Loslassens. »Ich beziehe Rituale in meine Arbeit ein, um Übergänge zu begleiten und wichtige Ereignisse im Leben meiner Klienten zu würdigen. Wenn man sich die Planetenzyklen anschaut, können sie die Lebensreise der Person abbilden. Mit dem Blick der Astrologie und der Unterstützung von Ritualen kann man besser verstehen, dass schmerzhafte und herausfordernde Erfahrungen nicht einfach nur schlecht sind.«

Ich habe es zu meiner Gewohnheit gemacht, während des Vollmonds alles aufzuschreiben, was ich loswerden möchte, es zu verbrennen und die Asche in einen Fluss zu werfen. Dabei spreche ich folgende Affirmation: »Ich danke von Herzen und lasse los.« Umgekehrt formuliere ich zu Neumond meine Wünsche, verbrenne sie ebenfalls und werfe die Asche wieder in einen Fluss. Dazu sage ich: »Ich danke von Herzen, und so wird es geschehen.«

Rituale in der Natur

Die Natur selbst bietet zu jeder Jahreszeit einen Raum für Rituale. Als Großstadtpflanze kann man auch in Parks Oasen finden, in der Wildnis gelingt es aber besser, sich der Natur wirklich auszusetzen, um sich wieder neu mit ihr zu verbinden.

Ich habe vor ein paar Jahren eine angeleitete Visionssuche gemacht, bei der ich vier Tage und Nächte allein im Wald verbracht habe – und ich profitiere bis heute von dieser einzigartigen Erfahrung.

Zur Vorbereitung auf das intensive Ritual hatte ich das Buch *Vision Quest – Visionssuche. Allein in der Wildnis auf dem Weg zu sich selbst* von Sylvia Koch-Weser und Geseko von Lüpke gelesen.[15] Die Autoren beschreiben, dass der Mensch über Jahrtausende in enger Verbundenheit mit den natürlichen Bedingungen und Prozessen gelebt und sich selbst als einen Teil der Natur verstanden habe. Seinen Lebensweg – Kindheit, Jugend, Erwachsensein und Alter – habe er wie einen Kreislauf der Jahreszeiten in der ihn umgebenden Natur begriffen: »Mit Ritualen und kultischen Handlungen tat er das Seine, um an den Zyklen der Natur teilzunehmen und sie nicht zu unterbrechen.«[16]

Alle traditionellen Kulturen auf der Welt nutzten Übergangsriten zur Bewältigung von Krisen, darunter auch die Germanen und Kelten. Die aktuelle Wiederentdeckung der Visionssuche ist stark von den Traditionen der nordamerikanischen Ureinwohner geprägt, die die Kultur dankenswerterweise aufrechterhalten.

Für mein Ritual in der Wildnis habe ich meinen ganzen Mut

aufgebracht, denn hierbei habe ich so gut wie alle meine Komfortzonen verlassen. Ich entschied mich für den Wald, weil ich mich dort besonders wohl und geschützt fühle. Das sogenannte Waldbaden ist ein Entspannungsritual für gestresste Großstädter, das in Japan *Shinrin Yoku* heißt und dort als Stressprävention anerkannt ist. Der gesundheitsfördernde Aspekt wurde in Studien bestätigt. Menschen verbringen eine achtsame Zeit im Wald, liegen vielleicht in Hängematten und atmen die gute Luft ein. Dass es so etwas gibt, macht mich auch ein wenig traurig, denn es zeigt, wie weit viele von uns von der Natur entfernt sind.

Ich wurde bei meiner Visionssuche durch einen erfahrenen Leiter aus Bayern begleitet. Ulrich zeigte mir, wie ich mich in der Natur zurechtfinden kann, denn ich durfte nur sehr wenig mitnehmen, vor allem Wasserkanister und zwei Planen: auf einer konnte ich mit meinem Schlafsack schlafen, die andere spannte ich zu einem Planenzelt auf, damit ich bei Regen und Sonne geschützt war. Aber anders als bei einem Zelt konnte ich mich nicht komplett abgrenzen. Und genau das war die Idee: vier Tage und vier Nächte komplett mit der Natur verbunden sein. Nichts zu tun, keine Ablenkung, kein anderer Mensch, kein Essen, keine Uhr und keine Bücher.

Ulrich und ich sprachen auch über den Grund, warum ich diese Grenzerfahrung auf mich nehmen wollte. In so eine intensive Erfahrung sollte man nicht ohne Intention gehen, denn zwischendurch kommt man an seine Grenzen, und es war hilfreich, mich in jenen Momenten daran zu erinnern, weshalb ich angetreten war. Die Visionssuche besteht aus drei Phasen: Vorbereitung, Solozeit und Nachbereitung. Viele Menschen nehmen sich diese spezielle Auszeit in der Natur vor, um Übergangszeiten zu bewältigen. Nicht selten geht es um Trennungen und Verluste. Ich wollte mich damals auch von alten Geschichten und Erfahrungen verabschieden und herausfinden, welche Frau ich bin und sein will – und meine eigene Stärke erforschen. Außerdem war mir die intensive Rückverbindung mit der Natur und meiner Natürlichkeit wichtig.

Zu Beginn des Rituals trat ich in einen Steinkreis, den der Seminarleiter errichtet hatte, und habe meine Intention, die ich vorher erarbeitet hatte, laut ausgesprochen: »Ich bin die Frau, die frei und verbunden ist.« Das war quasi wie das Startfeld auf einem Spiel, zu dem man wieder zurückkehrt, wenn sich der Kreis geschlossen hat.

Während meiner Solozeit in einem Wald in der Toskana konnte ich machen, was ich wollte. Dennoch gab es verschiedene Rituale zu absolvieren. Ein Sterberitual ist mir besonders in Erinnerung geblieben, bei dem ich mir bewusst einen Ort ausgesucht habe, an dem ich alles Alte, was ich nicht mehr in meinem Leben wollte, ablegen und »sterben lassen« konnte. Ich lag stundenlang da und ließ einen Teil von mir sterben. Da ging es um ehemalige Partnerschaften oder Freundschaften, aber auch um Lebensweisen. Danach legte ich mich nackt auf einen Stein in die Sonne und ließ mich wieder mit lebendiger Energie fluten.

Vor allem meinen Ängsten ausgesetzt zu sein war eine extreme Erfahrung für mich, denn ich war ganz allein im Wald, auch nachts. Fasten ist ebenfalls Teil des Rituals, und so habe ich nur Wasser getrunken. Interessanterweise fiel mir das Fasten so leicht wie nie zuvor. Ich hatte mich schon einmal durch eine Woche Wasserfasten während meines normalen Großstadtlebens gequält und musste ständig Versuchungen und Gewohnheiten widerstehen. Doch im Wald, wo all meine Routinen aufgehoben waren, fehlte mir das Essen nicht. Ich kam logischerweise an keinem Bäcker vorbei, wurde nicht zum Brunch eingeladen und hatte weder einen Kühlschrank noch eine Küche.

Bevor ich wieder in die Zivilisation zurückkehren und auch das Fasten brechen durfte, wachte ich eine Nacht am Feuer durch, um in mein neues Leben wiedergeboren zu werden. Ich hielt mich in der Nacht mit Meditation, Singen und Tanzen wach – und reflektierte mein gesamtes Leben bis zu diesem Punkt. Bei Tagesanbruch hatte ich das Gefühl, bewusst neu geboren zu sein. Ich stand auf, räumte mein Lager, ohne Spuren in der Natur zu hinterlassen, bedankte mich bei dem geschützten Ort und trat dann Schritt für Schritt in mein neues Leben. Dabei ließ ich alles zurück, was ich nicht mitnehmen wollte.

Bei meiner Rückkehr trat ich wieder in den Steinkreis, wo alles begonnen hatte, und sagte einen Satz, den ich zu Beginn genau andersherum gesagt hatte: »Ich bin die Frau, die verbunden und frei ist.« Ich fühlte mich rund und am Ziel sowie in nur vier Tagen um einen ganzen Lebensabschnitt gereift. Zeit und Raum waren in dem Ritual für mich nicht mehr existent, natürlich, weil ich keine Uhr hatte, aber auch, weil alles relativ wurde. Das gab mir die Kraft, darauf zu vertrauen, dass Zeit auch eine Frage der Perspektive ist. Und nicht zuletzt bekam ich durch diese intensive Naturerfahrung als Großstädterin einen ganz anderen Bezug zu meiner Umwelt und wurde nahezu demütig, denn ohne Wohnung, Supermarkt und Kontakt zu anderen Menschen war ich eindeutig unterlegen.

Ich fühlte mich aber oft lebendig und eins mit der Natur und war jeden Tag zutiefst gerührt davon, wie viel Schönheit es gibt: Schmetterlinge auf Blumenwiesen, rauschende Flüsse und Steine in allen Formen. Die Natur wurde mein Kino und Unterhaltungsprogramm und bewegte mich im Inneren.

Dazu kommt, dass die Natur ein wunderbarer Spiegel ist, der uns viel über uns selbst sagt. Genauso wie Tiere. Gleich in der ersten Nacht zog ein Gewitter über mich hinweg, und ich kämpfte in meinem Schlafsack mit panischer Angst. In meinem Kopf waren alle Geschichten über mögliche Gefahren abgespeichert. Aber gleichzeitig hatte ich das Gefühl, dass die Erde, auf der ich lag, mich trägt, und der Baum, unter dem ich mein Lager aufgeschlagen hatte, mich schützt. All meine Sinne waren so geschärft wie noch nie. Mir passierte nichts während der vier Tage, obwohl jede Nacht um mich herum Wildschweine grunzten und Hirsche röhrten. Ich fühlte mich stark und kraftvoll, obwohl ich nichts aß. Wenn ich in der Sonne lag oder im Fluss badete, fühlte ich mich genährt.

Natürlich waren die Extreme simuliert, so wie jedes Ritual eine Art Simulation ist, und ich habe nicht vor, so isoliert in der Natur zu wohnen, doch in vielen Situationen in meinem Leben konnte ich das Gefühl abrufen: »Ich schaffe das. Ich kann mich auf mich selbst verlassen. Ich kann meiner Intuition trauen, und ich komme mit sehr wenig aus.«

Die Visionssuche hat mich damals final erwachsen werden lassen, denn ich übernahm die volle Verantwortung für mich selbst und meine Handlungen, und ich traf die Entscheidung dazu aus eigenen, freien Stücken und der Sehnsucht heraus, mich selbst kennenzulernen – und am Leben zu erhalten.

Diese Erfahrung bestärkt mich bis heute. Als ich während des ersten Corona-Lockdowns im März 2020 zeitweise in Guatemala festsaß und mit der Situation umgehen musste, war ich zwischendurch verzweifelt. Ich schrieb einer Freundin, dass ich langsam Panik bekam, und sie schickte mir diese Nachricht: »Christine, du hast vier Tage allein im Wald verbracht. Bei Gewitter und mit Wildschweinen. Du hattest nichts zu essen und kein Dach über dem Kopf. Ich glaube, du kannst alles schaffen.« Und ich erinnerte mich daran, dass ich damals im Wald an einem Punkt alle Kontrollgedanken über die äußeren Umstände und Kämpfe ruhen ließ – und vertraute.

Der Wald ist für mich ein Anker und ein Ritual geworden. Ich kann natürlich in der Natur spazieren gehen, aber sind wir dann wirklich mit allen Sinnen dort? Ich erhole mich besonders, wenn ich in der Natur verweilen kann. Einfach sein und auftanken. Ich suchte mir gleich nach meiner Rückkehr nach Hamburg einen Baum als Kraftort direkt vor meinem Balkon aus. Allein ihn anzuschauen beruhigt mich. Eigentlich sehr einfach! Ich spazierte durch alle Parks in meiner Umgebung und suchte mir dort Lieblingsplätze aus. Seitdem ich auch mitten im Zentrum der Großstadt meine natürlichen Orte gefunden habe, kann ich mich besser dort entspannen und bewusster in Kontakt gehen – auch mit mir selbst.

Nach meiner Erfahrung im Wald erarbeitete ich mir kleine Rituale für den Alltag in der Großstadt, die mich regelmäßig mit der Natur verbinden. Aus meiner Erfahrung destillierte ich viele Rituale, die mir gutgetan haben: das Fasten[17] zum Beispiel.

Einmal pro Jahr nehme ich mir dafür Zeit, meist im Sommer, weil ich da weniger Hunger und bessere Laune habe. Ich beginne mit dem Vollmond und trinke dann vier Tage lang nur Wasser. Davor und danach esse ich sehr wenig (Suppen und Obst). Das Erste, was ich nach vier Tagen wieder esse, ist ein Apfel – das ist ein gängiges Ritual zum Fastenbrechen. Ich esse ihn in aller Ruhe und ganz bewusst. Es ist interessant, wie lange das dauern kann und wie sättigend ein Apfel wirklich ist.

Vor dem Fastenbeginn mache ich ein kleines Ritual, in dem ich eine klare Intention setze. Damit erinnere ich mich daran, dass ich mir etwas Gutes tun will, mich entlasten und entschlacken – und dass das Nicht-Essen weder eine Bestrafung noch ein Mangel ist. Seitdem das Fasten für mich ein jährliches Ritual geworden ist, halte ich es auch durch.

Was ich gelernt habe

- Loslassen ist etwas, das ich wunderbar in einem Ritual praktizieren kann, ähnlich wie die Wohnung aufräumen und putzen.
- Immer wenn ich etwas Altes gehen lasse, sollte ich die frei gewordene Stelle mit etwas Neuem und Bestärkendem füllen.
- Die Elemente, die Natur und andere Lebewesen sind Kräfte, um das innere Heilen zu verstärken.
- Jeder kann bei Ritualen kreativ sein und seinem inneren Fluss folgen.
- Natur gibt es überall. Und sie ist immer dazu da, uns zu nähren und zu stärken.

Zwei Rituale, die ich empfehle

Dein heiliger Ort

Erstelle dir deinen eigenen »Altar« oder einen für dich besonderen Bereich in deinem Zuhause, um einen Ort zu schaffen,
an dem du dich und dein Leben schätzen kannst, wo du um
Unterstützung bittest oder einfach an deine Ziele erinnert
wirst. Lege auf den »Altar«, was dir wichtig ist (als Symbol) und
an was du glaubst. Sei gern kreativ, wenn du die vier Elemente
Feuer, Wasser, Erde, Luft hinzufügst: Die Erde kann durch
einen Stein symbolisiert werden, die Luft durch eine Feder, das
Feuer durch eine Kerze und das Wasser durch eine Blumen-
vase.

Der Ort muss nicht so aussehen, wie man sich üblicherweise
einen religiösen Altar vorstellt. Es kann einfach ein Platz in
deiner Wohnung sein, den du besonders gestaltest, wo du
vielleicht auch Yoga oder Meditation übst oder gern ent-
spannst. Du kannst dort auch Fotos oder Bilder anbringen, die
in dir Sehnsüchte wecken. Vielleicht träumst du von einem
Haus am Meer oder einem eigenen Garten? Dann erstelle dir
eine Collage als Visionsboard. Es ist gut, seine Träume jeden
Tag zu sehen.

Zeit mit dir selbst

Verbringe ein paar Tage bewusst mit dir allein (und offline) – vielleicht sogar an einem einsamen Ort in der Natur (etwa in einem abgelegenen Ferienhaus) – und entscheide, was du in der selbstgewählten Isolation erreichen willst: Möchtest du alte Ideale loslassen? Dich bewusst von etwas oder jemandem trennen? Deine weibliche oder männliche Kraft entdecken?

Nimm dir nicht zu viel vor, aber führe weiterhin dein Morgenritual durch, schreibe Tagebuch, verbringe viel Zeit in der Natur und mache zu Beginn ein selbst gestaltetes Ritual, bei dem du deine Intention für diese Zeit fasst und vielleicht aufschreibst, malst oder sichtbar darstellst, damit du jeden Tag daran erinnert wirst, weshalb du dir diese Auszeit genommen hast. Du kannst zum Beispiel auch einen Stein als Symbol nutzen oder was auch immer du in der Natur findest. Zum Schluss kannst du die Tage reflektieren und auf einen Zettel schreiben, was du loslassen willst (verbrenne den Zettel anschließend) und was du mit in dein (neues) Leben nimmst.

5

Ein Ritual erschaffen: das Cacao-Ritual

Schokolade gibt es im Supermarkt und Kakao im Dschungel. Warum ist das wichtig? Durch die Wiederentdeckung des rohen Kakaos als wunderbaren Begleiter auf der Reise zu mir selbst habe ich nicht nur meine Kreativität tiefer ausgegraben, sondern auch die Kraft kennengelernt, Rituale für andere Menschen zu veranstalten. Meine neue Liebe zum Kakao ist wie ein Puzzleteil, das mir zuvor gefehlt hat.

Ich hätte nie gedacht, dass roher Kakao, also die reine Form der Schokolade, eine Heilpflanze und demnach »heilig« sein könnte. Natürlich heißt es oft, dass Schokolade glücklich mache, aber ich hatte immer den Satz im Kopf: »Schokolade macht glücklich … und dick.« Ich habe Schokolade immer mit einem schlechten Gewissen gegessen und das Wohlfühlen auf den Zucker zurückgeführt, der in herkömmlichen Schokoladentafeln aus dem Supermarkt einer der Hauptbestandteile ist. Er sorgt für einen kurzen Rausch und macht süchtig. Und dann entdeckte ich auf einer Islandreise (ausgerechnet in einem Land, in dem kaum etwas wächst, schon gar nicht die Tropenpflanze Kakao), dass reiner Kakao sehr gesund sowie heilsam sein kann.

Zeremonien zum achtsamen Trinken

Ich hatte bereits an Zeremonien mit Tee oder Kaffee teilgenommen, bei denen es um die wertschätzende Zubereitung und das achtsame Trinken ging. In Äthiopien wurde ich auf einer Recherche zu einer traditionellen Kaffeezeremonie eingeladen. Kaffee hat in dem afrikanischen Land einen besonderen Stellenwert, mehrmals am Tag wird er frisch geröstet, gemahlen und aufgebrüht. Ich erinnere mich an den rituellen Moment, als ich für ein Interview zu Besuch bei einer einheimischen Familie war: Vor meinen Augen goss eine Frau das belebende Getränk gekonnt aus einer traditionellen Tonkanne in einem hohen Bogen in henkellose Tässchen.

Ich trank den Kaffee mit einer ganz anderen Wertschätzung und genoss ihn viel mehr, als wenn mir jemand einfach den Kaffee aus der Maschine in einem Pappbecher reichen würde. Er war ein symbolischer Willkommensgruß und gab mir das Gefühl, eingeladen zu sein. Die Geste und ihr Geschmack blieben mir in Erinnerung.

Auf einer Reise nach Japan besuchte ich in der wunderschönen Stadt Kyoto ein Teehaus, und auch hier lag der Fokus darauf, den grünen Tee mit viel Liebe und Hingabe zuzubereiten. Ich beobachtete genüsslich, mit wie viel Geschick und

Perfektion das grüne Matcha-Pulver mit einem kleinen Besen gerührt und in kunstvolle Keramikschalen gefüllt wurde – und wie die Menschen das grasgrüne Getränk achtsam tranken, ohne sich zu unterhalten. Sie umschlossen die Schale mit beiden Händen und nippten daran, bis sie leer war. Ich empfand dies als sehr inspirierend, denn in dem Teehaus herrschte eine vollkommen ruhige und entspannte Stimmung. Die Menschen nahmen sich hier eine bewusste Auszeit von der Großstadt und ließen sich vom Tee neu beleben. Dies hatte eine ganz andere Wirkung, als sich nebenbei ein Getränk im Café oder to go hineinzuschütten oder einen Tee in einem Beutel aufzubrühen.

Zur japanischen Kultur gehört nicht nur das achtsame Trinken von grünem Tee, sondern auch eine Teezeremonie nach festen Regeln. Sie wird auch als *chado* bezeichnet, was so viel wie »der Weg des Tees« bedeutet. Dies zeigt schon, dass es nicht allein um das Trinken geht, sondern um eine Erfahrung, die einen Lernprozess einschließt. Es handelt sich nicht allein um eine Willkommensgeste für Gäste, sondern auch um das Erleben der Ästhetik und der spirituellen Ebene, also der Schönheit des gegenwärtigen Augenblicks und dessen Wertschätzung.

Von außen betrachtet sieht das Ganze sehr formell, eher streng und starr aus – doch wenn man ein Teil davon ist, kann man die Erfahrung machen, wie frei man in dieser Form ist und was für ein Geschenk es ist, völlig auf den Augenblick fokussiert zu sein. Kein Wunder, dass die Samurai, die Elitekrieger in Japan, das Zen und seine Rituale nutzten, um sich im Inneren zu stärken und auszurichten – um im Ernstfall komplett fokussiert und angemessen zu handeln.

Die Klarheit und das Formelle in Japan haben mich fasziniert, doch gleichzeitig suchte ich ein Achtsamkeitsritual, das
besser zu mir passte. Das künstlerischer und freier ist in der
Gestaltung, weiblicher, sanfter, moderner. Da kam der Kakao
ins Spiel.

Kakaozeremonie in Island

2015 beschloss ich, zwei Monate in Island, einem meiner Lieb-
lingsländer, zu verbringen. Ich mietete eine Wohnung in der
Hauptstadt Reykjavík und ging jeden Tag ins Schwimmbad.
Wer den Isländern näherkommen will, setzt sich am besten in
einen Hot Pot. Es ist ein wunderbares Erholungsritual für den
Körper, das gleichzeitig auch das Immunsystem stärkt. Ich war
es gewohnt, dass die Isländer ihre eigenen Rituale haben, die
Dinge immer ein wenig eigenwillig machen und sich dabei
flexibel den Umständen anpassen. Und ich wusste, dass künstlerischer Ausdruck und die Verbindung zur Natur sehr hoch
geschätzt werden. Daher fuhr ich damals völlig entspannt zur
Kakaozeremonie, obwohl ich mir gar nichts darunter vorstellen konnte.

Ich stolperte in ein gemütliches Sommerhaus an einem See,
wo rund zwanzig Isländerinnen bereits im Kreis beisammen-
saßen. Ich fühlte mich wie bei einem Besuch bei Freundinnen
und kam mir gar nicht fremd vor, sondern sogar auf eine
besondere Art willkommen und angekommen. Wir tranken
Kakao – und er schmeckte einmalig und unbeschreiblich, denn
ich trank zum ersten Mal echten Kakao. Er war dickflüssig wie

dunkle, geschmolzene Schokolade, sehr bitter, und fühlte sich irgendwie auch wie Erde in meinem Mund an.

Der zeremonielle Kakao wird in der Regel nur mit Wasser zubereitet, aber man kann den Trunk individuell mit Gewürzen wie Chili, Zimt, Ingwer, Kardamom, Muskatnuss oder Honig verfeinern. Milch und Zucker beeinflussen die aktiven Wirkstoffe. Die Zeremonienleiterin war eine junge Isländerin Mitte zwanzig, die in einem weißen Kleid in der Runde saß. Sie erklärte mir, dass sie den Kakao auf einer Reise durch Guatemala entdeckt hatte und dass er die rohe Ursprungsversion des bekannten Getränks sei. Von den Einheimischen per Hand geerntet, geschält und gemahlen behalten die Kakaobohnen alle natürlichen Superfood-Inhalte wie jede Menge Antioxidantien und das Endorphin Anandamid, das ein Glücksgefühl auslöst und bisher nur in der Kakaofrucht nachgewiesen werden konnte. Außerdem kommen in Kakao in seiner rohen Form auch reichlich Phenylethylamine vor. Das sind Stoffe, die in unserem Körper gebildet werden, wenn wir uns verliebt fühlen. Kakao wirkt also stimmungsaufhellend und gilt auch als Aphrodisiakum. Roher Kakao weist einen hohen Kalzium- und Magnesiumanteil auf, fördert die Gehirndurchblutung und sorgt für ein fokussiertes Denken.

»Wir glauben, dunkle Schokolade zu essen mache glücklich und sie sei besonders gesund, aber sie enthält wenig von den ursprünglichen Inhaltsstoffen des Kakaos, der eine Heilpflanze ist«, sagte die Leiterin. Ich war damals total überrascht und dachte: Wieso habe ich das nicht schon früher erfahren, und warum bekommt man diesen magischen Kakao so schwer im herkömmlichen Supermarkt? Warum hat sich unsere Welt in vielen Dingen so weit von der Natur entfernt, dass wir das Beste verpassen? Ich ahnte, dass der Kakao in mir viele Fragen aufwerfen würde, und ich fühlte mich auf eine neue Art aktiviert.

Wir schlossen gemeinsam die Augen und horchten in uns hinein, so wie beim Meditieren oder Innehalten in einem entspannten Moment. Tatsächlich spürte ich, dass mein Herzschlag leicht erhöht war, mein Blut schneller pulsierte, mein Geist sich hellwach anfühlte, voll da und nicht zu sehr abgelenkt von Gedanken und Sorgen. Ich fühlte mich zusätzlich voller Energie. Die Harmonie und Verbundenheit im Raum waren für mich spürbar. Ich würde hier jedem meine Lebensgeschichte anvertrauen, dachte ich. Und in mir entstand ein Gefühl von Zuhause-Sein. Erst da merkte ich, wie sehr mir das in meinem bisherigen Leben gefehlt hatte. Das Gefühl, zu einer Gruppe Menschen zu gehören, die wie ich mehr vom Leben wollen als sich in die gesellschaftlich vorgegebenen Strukturen einzufügen. Aber die deshalb nicht anklagen, jammern – sondern ihr Leben einfach selbst(bewusst) gestalten, um wiederum andere zu inspirieren. In der eigenen Verantwortung und im Einklang mit dem eigenen natürlichen Sein, der Natur und mit Gleichgesinnten.

In den Kakaozeremonien fand ich auch endlich das Zeremonielle wieder, das mir seit meinem Austritt aus der Kirche gefehlt hatte. Hier war alles in ein moderneres und zugängliches Gewand gekleidet: Die Leiterin räucherte vor der Zeremonie den Raum mit weißem Salbei und bat auch uns, uns mit dem Rauch energetisch zu reinigen. Wir gingen zuerst gemeinsam in die Stille während einer Meditation und sangen später zusammen. Keine bestimmten Lieder, sondern wir ließen individuelle Töne erklingen, die aus dem Herzen kamen.

Früher hatten die Menschen in den dunklen Wintern auf Island in der Abgeschiedenheit meist nur ihre Geschichten, ihr Handwerk und ihre Musik. Vieles von den Überlieferungen ist bis heute erhalten. Auch meine Vorfahrinnen haben sich bestimmt mehr Geschichten erzählt, als wir das heute machen. Das erlebte ich in dieser Kakaozeremonie und stellte dabei fest, was mir bisher im Leben gefehlt hatte – ohne es vorher bewusst zu vermissen. Jede Frau erzählte einfach frei, was ihr auf dem Herzen lag, auf Englisch oder Isländisch. Ich verstand sie trotzdem, auch wenn ich die Worte nicht kannte. Ich sagte in den Raum: »Ich fühle mich oft einsam.« Das hatte ich noch nie zuvor laut ausgesprochen, aber es war in dem Moment authentisch und befreiend. Alle Augen schauten mich liebevoll an, und ich bekam sofort ein warmes Gefühl und die Erkenntnis: Wir sind niemals allein! Einsamkeit ist nur ein Gefühl.

Ich fühlte mich willkommen und weinte Glückstränen. Einen ganzen Nachmittag verbrachten wir zusammen. Danach liefen wir alle nackt und jubelnd zum kalten See. Auf Island ist das ein beliebtes Ritual: in kalte Gewässer springen. Mit etwas Übung halte ich es dort für ein paar Sekunden aus – und tatsächlich fühle ich mich danach komplett aktiviert. Als ich mich schlotternd abtrocknete, fühlte ich mich bestärkt und wie neu geboren. Ich fuhr reich beschenkt nach Hause, denn ich fand an diesem Tag neue Freundinnen fürs Leben und eine Gemeinschaft.

Seit dieser ersten Zeremonie habe ich noch viele weitere auf Island miterlebt. Ich trank Kakao unter Wasserfällen oder auf einem Vulkan. Ich ertappte mich immer dabei, dass ich erst aus Gewohnheit nach den Wegen und möglichen Gefahren fragte. Anstatt der Natur zu vertrauen, anstatt sie als Verbündete und nährende Quelle zu sehen. Nicht umsonst wird die Natur auch »Mutter« genannt, denn der ganze Planet ist darauf ausgerichtet, die Lebewesen zu nähren: mit Sauerstoff, mit Sonnenlicht und mit dem, was auf der Erde wächst. Dazu gehört eben auch der Kakao. Ich hatte mal gehört: »Je mehr die Probleme in der Welt zunehmen, desto schneller wächst der Kakao, um den Menschen zu helfen.«

Kakao als Türöffner zu den Gefühlen

Zurück in Hamburg lud ich meine Freundinnen auf einen Kakao zu mir nach Hause ein. Obwohl wir uns seit Jahren kennen und uns vertrauen, wurden die Gespräche plötzlich noch intensiver, und wir sprachen mit dem Herzen. Wir lachten, weinten und hielten auch mal die Stille aus. Eine Freundin erzählte uns von ihrer schwierigen Beziehung zu ihrer Mutter und sagte danach: »Das wollte ich eigentlich gar nicht erzählen, aber es ist gut, dass es mal raus ist.«

Wir waren alle tief berührt, fühlten uns noch enger miteinander verbunden, und ich dachte mir, dass solche Zusammenkünfte und solche vertrauensvollen Momente öfter stattfinden müssten. Dass mehr Menschen sie brauchen, gerade weil die meisten von uns nicht (mehr) in Kirchen gehen oder in Großfamilien zusammenleben. Mir kam die Idee, diesen Raum und den Rahmen selbst anzubieten und zu gestalten. Eine Medita-

tionsgruppe leitete ich bereits. Außerdem hatte ich eine Ausbildung zum systemischen Coach und als Meditationstrainerin
gemacht und traute mir zu, eine Gruppe zu führen und zu begleiten.

Ich wollte noch mehr über den Kakao erfahren und reiste zu
Kakaobauern nach Bali. Dort lernte ich: Kakao ist eine sehr
sensible Pflanze, und die Ursprünge der rituellen Nutzung lassen sich in Mittel- und Südamerika mehrere tausend Jahre vor
Christus zurückverfolgen. Bei den Maya und Azteken galt der
Kakao als wertvoller Besitz, er wurde als Zahlungsmittel und
für religiöse Zeremonien eingesetzt. Schon damals erkannten
die Herrscher, dass er Energie verleiht, und er war vor allem
den höheren Gesellschaftsschichten vorbehalten. Seit rund
zehn Jahren wird Kakao wieder für Zeremonien eingesetzt, besonders in der kleinen Stadt San Marcos La Laguna in Guatemala. Ich bin bereits mehrmals dorthin gereist, um den Kakao-
schamanen Keith zu treffen.

Beim Kakaoschamanen in Guatemala

Keith erzählte mir, dass besonders sensible und empathische,
spirituell interessierte Menschen zu ihm kommen, um sich
selbst zu finden und zu heilen und um anschließend andere zu
unterstützen. Er sieht sich als Trainer und Lehrer für diejenigen,
die Kakao in ihre Arbeit mit Menschen einbringen wollen. Seit
mehr als fünfundzwanzig Jahren lebt der gebürtige Amerikaner mit seiner Frau in dem kleinen Ort in Guatemala, der viele
moderne Hippies und Sinnsucher magisch anzieht. Ich kenne

kaum einen Ort, an dem auf einem kleinen Fleck mehr Zeremonien und Rituale stattfinden. Wirklich jeden Tag kann man mit Kakao im Blut tanzen, Mantras singen und meditieren. Dazu gibt es zahlreiche Yogakurse, Frauenkreise, Heilpflanzen- oder Tantrarituale und vereinzelt sogar Zeremonien, die in der Kultur der Maya verankert sind. Damals wurde Kakao weniger getrunken, sondern eher als Symbol bei Ritualen verwendet, etwa als Opfergabe für die Götter.

Keith hat seine eigene Zeremonie entwickelt, wie viele andere Europäer und Amerikaner auch. »Der Kakao gehört niemandem, und es geht nicht darum, sich die Kultur von anderen anzueignen, sondern seinen eigenen Weg damit zu gehen«, erzählte er mir. Jede Woche versammelt er auf seiner Veranda Menschen, mit denen er Kakao trinkt, meditiert und die er lehrt zu erkennen, was ihre eigenen Gefühle sind, was alte Glaubenssätze sind und wie man sich von vergangenen Geschichten befreit. Sprich: Wie man sich von der Vergangenheit löst und hoffnungsfroh in die Zukunft blickt, Verantwortung für sein Leben übernimmt und Kraft bekommt, sein eigenes Leben so zu gestalten, dass es Spaß macht und nicht als Belastung empfunden wird.

»Was ich in den ganzen Jahren festgestellt habe, ist, dass eine gemeinsame Zeremonie eine hohe gemeinsame Energie aufbaut, von der alle profitieren. Hier finden die Menschen die Kraft, ihr Leben zu ändern«, sagte Keith. »Das ist ein ganz einfaches Prinzip, das zum Beispiel auch beim gemeinsamen Brainstorming in der Businesswelt zu beobachten ist. Wenn mehrere Menschen sich gemeinsam auf ein Ziel ausrichten, sind sie immer besser darin, Lösungen zu finden.« Er erklärte, dass man die wohltuende Gruppenwirkung auch aus anderen Umfeldern kennt, zum Beispiel beim gemeinsamen Singen im Chor, bei einem Konzert oder einem Sportereignis. Emotionen und Euphorie potenzieren sich, und man kann mehr Intensität erleben als allein. Die Rituale seien eben anders, in der Businesswelt trage man eine Krawatte und bei einer Kakaozeremonie bequeme Yogaleggings. Wichtig sei, eine Intention zu fassen – für einen selbst oder ein gemeinsames Ziel. Einen Geburtstag feiert man, um eine Person hochleben zu lassen. Eine Kakaozeremonie könne unterschiedliche Motivationen haben, bei denen es darum gehe, in ein tieferes Bewusstsein einzutauchen: »Der Kakao hilft uns, das Ego zu verlassen und uns auf einer tieferen Ebene wieder neu zu begegnen«, erklärte er. »Er steigert die Produktivität und löst Gefühle wie Angst.«

Ich lernte bei Keith wichtige Grundlagen aus seiner jahrelangen Erfahrung, und ich nutze seinen Kakao bei den meisten Ritualen. Mittlerweile habe ich mich von ihm entfernt, um mein eigenes Ding zu machen. Und er ermutigte mich von Anfang an dazu: »Mach das, was die Menschen in deinem Umfeld anspricht.«

Ein eigenes Cacao-Ritual erschaffen

Zurück in Hamburg nannte ich »mein Kind« Cacao-Ritual. Ich habe mich für die Schreibweise »Cacao« entschieden, um den wichtigen Unterschied zum kommerziellen, zuckerhaltigen Getränk Kakao zu betonen. Das Wort »Cacao« oder »Kakao« kommt übrigens von den Maya-Wörtern *ka'kau'* und *chocol'ha*.

Das Verb *chokola'j* bedeutet »Schokolade zusammen trinken«. Und ich wählte das Wort Ritual, nicht Zeremonie, weil ich ausdrücken wollte, dass es zwar ein gemeinsames Erlebnis ist, aber dennoch individuell bleibt.

Ich miete seitdem jeden Monat einen besonderen Raum und schenke dort Kakao aus oder biete Online-Events an. Ich leite Meditationen oder Entspannungsmomente mit Musik an und motiviere die Teilnehmer, ihre Herzen sprechen zu lassen. Zu erzählen, was sie wirklich beschäftigt und bewegt. Zu weinen, zu lachen und vor allem die eigenen Gefühle und Ideen zu leben. Jedes Ritual ist anders, denn ich stelle mich immer wieder intuitiv auf die Menschen ein, die zu mir kommen, und achte ihre Bedürfnisse. Und das sind mittlerweile alle Altersgruppen. Bei mir waren Freunde, Paare, Neunzigjährige und Zwanzigjährige und sogar ganze Familien. Ich will, dass sich alle möglichst frei fühlen, deswegen gibt es nur wenige Regeln: Wir bewerten die Geschichten der anderen nicht und geben keine allgemeinen Ratschläge. Wir hören einfach nur genau zu, wenn jemand redet, und alle sprechen frei von Herzen.

Während des von mir geleiteten Rituals sind schon viele neue Ideen entstanden. So nahm eines Tages mein Freund Roman teil, der sich schon lange beruflich umorientieren wollte. Während des Cacao-Rituals fragte ich ihn, was er denn eigentlich machen wolle. Er sagte, er wolle einen Raum schaffen, wo genau solche Events wie das Cacao-Ritual stattfinden können, moderne Spiritualität gelebt wird in Yogaklassen, Coachings, Reiki-Sessions, Lesungen und Workshops. Nicht einmal ein Jahr später betrat ich diesen Raum und zog mit meinen Cacao-Ritualen genau dort ein: in den Extraraum in

Hamburg-Eppendorf. Sobald Roman den tiefen Entschluss gefasst hatte, ergaben sich viele Dinge fast magisch wie von selbst.

Der Kakao ist kein Zaubermittel, auch keine Droge, aber ein sanfter Verstärker, um wieder zu sich zu finden, zu entspannen und aus dieser Haltung Neues entstehen zu lassen. Das ist dann doch zauberhaft, und ich freue mich jedes Mal, wenn ich dieses Gefühl mit anderen teilen kann.

Ich bin mir bewusst, dass es eine große Verantwortung ist, ein Ritual für andere zu gestalten und zu halten. Der Rahmen muss sicher und vertrauensvoll sein, damit die Teilnehmer sich wohlfühlen und fallen lassen können und nicht verunsichert werden, wenn sie sich öffnen. Deshalb rate ich immer allen, die etwas Ähnliches auf die Beine stellen wollen, sich selbst zuerst sehr gut zu kennen, dann den Kakao und seine Wirkung zu erforschen und Ausbildungen zu machen, die Grundlagen in der Meditation und dem Umgang mit Gruppen lehren.

Interessanterweise werde ich oft nach den Risiken des Cacao-Rituals gefragt. Das zeigt mir, dass wir eher in einer Kultur der Angst als des Vertrauens leben. Auf Island stürzen sich die Menschen voller Neugier in das Abenteuer. Es geht nicht nur um die Nebenwirkungen, die sich beim Trinken ergeben könnten. Die sind natürlich verschwindend gering, denn es handelt sich am Ende um Kakao. Nur Menschen, die chronische Herzprobleme haben und Antidepressiva nehmen, sollten den rohen Kakao nicht trinken, denn er erhöht den Herzschlag leicht und reagiert mit Antidepressiva, sodass es zu Kopfschmerzen kommen kann. Kakao passt außerdem nicht gut zu Alkohol, Kaffee, Zucker und Milch – in Kombination bekomme ich Magen- und Kopfschmerzen. Diese Dinge habe ich von meinem Speiseplan gestrichen (wenn möglich), und es geht mir seitdem wirklich viel besser.

Ich werde aber auch gefragt, ob es nicht gefährlich sei, wenn Menschen bei den Cacao-Ritualen anfangen zu weinen, was durchaus vorkommt. Ich hatte einmal den Fall, dass eine Frau buchstäblich die ganze Zeit Rotz und Wasser heulte. Ich sah, wie die anderen hin- und hergerissen waren, ob sie ihr tröstend eine Hand auf den Rücken legen sollten. Doch ich bat darum, die Frau in Ruhe zu lassen, und sagte: »Wir sind nicht hier, um andere zu retten oder zu bemitleiden. Und ich mache mir mehr Sorgen, wenn jemand nie weint.« Ich spürte, dass die Frau gar keine Unterstützung brauchte (das kann natürlich auch mal anders sein). Am Ende sagte sie: »Ich hatte die glücklichsten drei Stunden meines Lebens.«

Menschen, die weinen, müssen nicht automatisch traurig sein. Weinen ist nicht negativ. Es kann ein tiefes Loslassen bedeuten, bei dem Trauer oder Anspannung aus dem Körper gespült wird. Natürlich fühlt man sich danach gelöst. Denn wer Trauer und Spannungen mit sich herumschleppt und kein Ventil hat, der ist ziemlich belastet. Ich glaube, dass sich in Ritualen auch immer die jeweilige Gesellschaft spiegelt; Rituale bilden die Bedürfnisse ab, die erfüllt werden wollen, wie etwa das Ausleben von Gefühlen. Die Bedürfnisse, die sich im Cacao-Ritual zeigen, sind der Wunsch nach Gemeinschaft sowie Identität, der Kontakt mit der eigenen Spiritualität, das Zauberhafte und die Erlaubnis, frei, kreativ und authentisch zu sein.

Was ich gelernt habe

- Mit Gleichgesinnten geht man gestärkter durch das Leben.
- Wenn meine kreative Ader und meine Spiritualität Ausdruck finden, fühle ich mich erfüllter.
- Wenn ich mich gut nähre (auf allen Ebenen), bin ich erfüllt.
- Ein Ritual für andere zu schaffen ist eine große Verantwortung. Es gibt mir die Möglichkeit zu wachsen.
- Roher Kakao hat eine nahezu magische Wirkung und ist ein wunderbarer Begleiter für alle, die ein kreatives und bewusstes Leben führen möchten.

Ein Ritual, das ich empfehle

Kakaozeremonie als eine neue Erfahrung

Probiere den zeremoniellen Kakao in einer Gruppe aus. Es ist gut, die erste Erfahrung mit einer erfahrenen Leiterin zu machen. Es ist wie eine Initiation in die Wirkung der Heilpflanze. Danach kannst du mit dem Kakao auf eine eigene Reise gehen und dir immer mal wieder ein eigenes Ritual gönnen, das bewusst eine Auszeit vom Alltag ist. Es geht darum, die Verbindung zu dir selbst zu intensivieren, zu entspannen, Klarheit zu finden und Energie zu tanken, um kreativ sein zu können und dir deiner selbst bewusst zu werden.

6

Auf einem Trip zu sich selbst: bewusstseinserweiternde Rituale

Der rituelle und spirituelle Gebrauch von psychoaktiven Substanzen ist nicht neu, sondern in vielen Kulturen seit Jahrhunderten verankert. Es gibt zahlreiche Zeremonien und Rituale, bei denen vor allem pflanzliche Rauschmittel zum Einsatz kommen, mit der Intention der Bewusstseinserweiterung oder Heilung.

So wie das Interesse an uralten Praktiken wie Yoga und Meditation zugenommen hat und in den modernen Kontext übertragen wurde, so finden auch in den westlichen Kulturen Rituale mit magischen Pilzen oder Ayahuasca statt. Die Bandbreite klingt ziemlich exotisch. Es gibt Menschen, die sich das Gift eines Baumfroschs auf die Haut reiben, um in einem Ritual ihren Körper zu entgiften. Andere trinken in Zeremonien Pflanzensude von Kakteen und Lianen. Diese Events sind selten öffentlich, denn sie sind in den meisten Ländern nicht legal, da viele dieser Substanzen wie zum Beispiel LSD in

Deutschland unter das Betäubungsmittelgesetz fallen. Wer also eine Zeremonie damit ausrichtet, könnte sich strafbar machen. Als Konsumentin bewegt man sich in einer Grauzone, ähnlich wie beim Marihuanakonsum, da streng genommen nur unter anderem der Besitz, Handel, Anbau, Erwerb und die Verabreichung illegal sind.

Ich habe in meinem Leben nie Drogen genommen. Ich rauche nicht und trinke wenig. Natürlich habe ich viele Male einen Rausch durch Alkohol erlebt und fühlte mich dadurch ungehemmter, beschwingter und manchmal fröhlicher. Es spricht wenig dagegen, Alkohol mit der Intention zu trinken, etwas entspannter und gelassener zu sein. Aber wer in die Suchtspirale gerät und sich regelmäßig betäubt, wird sich verlieren. Alkohol hat nie mein Bewusstsein erweitert, nach vier Gläsern Wein bin ich eher abgestumpft und habe mich von mir selbst entfernt. Ich habe mal betrunken meditiert und war entsetzt, wie wenig ich mich und meinen Körper fühlen konnte und wie meilenweit weg ich von mir selbst war.

Koffein kann schon nach rund zehn Tassen zu Vergiftungssymptomen, Angstzuständen und Schlaflosigkeit führen. In unserer Gesellschaft wird es jedoch toleriert, sich mit Substanzen wie Nikotin, Alkohol und Koffein zu betäuben oder aufzuputschen, sie sind legal. Aber was ist mit den Substanzen, die unser Bewusstsein erweitern könnten?

Es gibt Studien darüber, wie Psychedelika unter anderem bei Depressionen und Trauma-Erfahrungen hilfreich sein können. Der amerikanische Autor Michael Pollan testete für sein Buch *Verändere dein Bewusstsein* unter Aufsicht die Wirkung von Psychedelika. Er berichtet über Studien, die einen medizinischen Einsatz bei Depressionen oder Süchten erforschen. Pollan erklärt, dass Angstzustände in unserer Gesellschaft zunehmen und Psychopharmaka keine Dauerlösung seien, da sie nicht an die Wurzel des Problems gingen. Was ihm seine Trips gebracht haben, fasst er wie folgt zusammen: »Einsichten über wichtige Beziehungen; die Konturen von Ängsten und Begierden, die normalerweise ausgeblendet sind; unterdrückte Erinnerungen und Gefühle; und (...) eine neue Perspektive auf die Funktionsweise des eigenen Geistes.«[18]

Nahmen in den 1960er-Jahren die Hippies das chemisch hergestellte LSD und magische Pilze, um auf einen Trip zu gehen und »high« zu werden, entsteht derzeit ein Trend, die Drogen zur Selbstoptimierung und Leistungssteigerung einzusetzen. Pollan spricht von einer Renaissance der Psychedelika.[19] Magische Pilze werden unter anderem für den Einsatz bei Therapien erforscht. Eine Droge, die eine andere Drogensucht ausschaltet, das Bewusstsein erweitert und Selbstheilungskräfte aktiviert? Das machte mich neugierig. Und was wäre, wenn Rituale auch hier den sicheren Rahmen böten, um die Wirkung zu erleben?

Auf meinen Reisen begegneten mir die berauschenden Rituale und Zeremonien immer wieder. Auf den Fidschi-Inseln landete ich in einer Kava-Zeremonie, bei der mir in einer Kokosnussschale ein milchiger Pflanzensud gereicht wurde. Traditionell ist das Trinken von Kava nur Männern vorbehalten, aber in touristischen Ritualen wird eine Ausnahme gemacht. So ging vermutlich auch der Kontext verloren, denn letztlich saßen wir nur alle im Kreis und tranken. Mir fehlte der Zugang oder die Übersetzung in meine Kultur. Und ich fühlte mich nur leicht beschwipst.

Mit Tabak Wünsche verstärken

Eines Tages nahm ich auf Bali an einem Tabakritual teil. Tabak? Ich war wirklich verblüfft, denn längst haben Zigaretten und Rauchen ein durchweg negatives und gesundheitsschädigendes Image. Doch die Gruppenleiterin erklärte mir, dass Tabak in seiner ursprünglichen Form »heilig« sei. Sie sagte, dass es immer darauf ankomme, in welchem Rahmen und mit welcher Intention man die berauschende Pflanze konsumiere. In einem Ritual bekomme die Pflanze die passende Wertschätzung und den Respekt – sie wird gewissermaßen kontrolliert eingenommen, und da man nicht jeden Tag ein Ritual feiere, sei das Risiko, abhängig zu werden, gering. Außerdem werde die Dosierung durch sie als Ritualleiterin kontrolliert. Das sei ein Unterschied. Dem Tabak seien keine Zusätze beigemischt, die süchtig machen. »Ursprünglich ist Tabak der Träger von Gebeten. Sein Rauch soll die Wünsche in den Himmel tragen«, erklärte sie mir.

Die Leiterin ließ eine selbst gedrehte Zigarette mit reinem Tabak, Mapacho genannt, herumgehen, und jeder sollte daran ziehen und nach dem Ausblasen des Rauches einen Wunsch laut aussprechen. Die Qualmwolke würde das Gebet in den Himmel tragen – eine schöne Vorstellung. Und als ich so an der Zigarette zog und den starken, fast brennenden Tabakgeschmack auf der Zunge schmeckte, den Rauch ausblies und dann nach einem kleinen Huster meinen Wunsch hinterherschickte, war das für mich ein heiliger Moment. Niemals hätte ich gedacht, dass ich einen solchen mit einer Zigarette verbinden würde.

An einem anderen Tag des Retreats lernte ich, dass man auch

mit einer Art Schnupftabak, Rapé genannt, meditieren kann. In einem Ritual sollten wir alle einzeln nach vorne kommen und uns vor die Leiterin setzen. Mit einem Blasrohr schoss uns die Leiterin das Pulver nacheinander in beide Nasenlöcher. Rapé soll reinigend wirken und die Zirbeldrüse anregen – und somit für Klarheit und Einsichten sorgen. Für mich war es extrem unangenehm, als der Tabak in mein Nasenloch zischte und dort so brannte, dass mir die Tränen in die Augen schossen. Doch nach ein paar Atemzügen war das Gefühl, eine Fliege sei mir in die Nase geflogen, vorbei, und ich setzte mich wieder auf meinen Platz, um zu meditieren. Meine Intention war, eine Entscheidung zu fällen. Würde mich der Tabak dabei unterstützen, mehr Klarheit zu finden? Ich merkte, wie Atemzug für Atemzug etwas in meinem inneren Raum entstand. Die anderen Teilnehmer saßen auch alle ruhig da.

Die Leiterin erklärte später, dass sie den Tabak von einer Freundin erhalten habe, die ihn aus dem Amazonasgebiet von einer indigenen Kultur mitgebracht hatte; ihr Anliegen sei es aber nicht, Rituale in der Amazonas-Tradition durchzuführen. »Viele indigene Kulturen konnten sich ihre Rituale und auch die Bedeutung der Heilpflanzen bewahren. Das inspiriert uns nun, und ich bin dafür sehr dankbar. Aber ich erschaffe eigene Rituale, die in unseren Zeitgeist und unsere Kultur passen und somit zugänglich sind«, erklärte sie und betonte, dass die Symbole und Worte austauschbar sind, wichtig sei die Wertschätzung gegenüber den Elementen und der Energie, die höher sei als man selbst.

Mir wurde immer mehr bewusst, dass wir letztlich alle nach demselben streben – ganz egal, wie und wo. Und immer stärker wurde mir bewusst, dass Rituale diesen sicheren Rahmen bilden, sich Schritt für Schritt näherzukommen und zu erkennen, wie sehr wir alle eins sind. Ich hatte das Gefühl, dass die Heilpflanzen ebenso eine Brücke in das Unterbewusstsein oder den kollektiven, spirituellen Raum sein können wie Meditation, Gesang, Tanz oder Yoga.

Ich fand an jenem Tag mit dem Tabak, dessen Wirkung ich kaum spürte, keine Klarheit, aber ich bekam einen Vorgeschmack, dass ein Ritual das Ego auch in gewisser Weise »austricksen« kann. Wenn man ihm einen sicheren und gewohnten Rahmen gibt, kann man durch Hingabe und Loslassen immer wieder Schlupflöcher gewinnen, um in einen inneren Zustand zu gleiten, der neue Erfahrungen und inneres Wachstum bereithält.

Mit der »Mutter« auf einem Höllentrip

Meine Neugier wurde immer größer, und viele Monate spielte ich mit dem Gedanken, die »Mutter« kennenzulernen. Das ist in der Szene das Codewort für Ayahuasca – die Königin unter den psychoaktiven Substanzen, weil sie eines der stärksten Halluzinogene ist. Sie wird auch »Liane des Todes« oder »Pflanze der Geister« genannt, wegen der angeblich starken und transformierenden Wirkung. »Tod« steht für den Tod des Egos oder eines Zyklus, denn die Pflanze ist, richtig dosiert, bei Menschen ohne Vorerkrankungen nicht toxisch. Traditionellerweise wird sie bei schamanischen Ritualen im Amazonasgebiet verwendet.

Wer nach Peru oder Brasilien reist, wird sicher auch Angebote für Ayahuasca-Rituale finden. Die Pflanze gehört dort zum Kulturgut und ist in Brasilien zum Beispiel nicht illegal. In Peru war es allerdings eher üblich, dass nur der Schamane die Pflanze zu sich nimmt und anschließend in einer Zeremonie in Trance geht, um heilende Lieder für die anderen zu singen. Mittlerweile strömen Touristen dorthin, um das Gebräu aus der Pflanze selbst zu trinken und sich etwa von Depressionen oder Süchten zu befreien. Es gibt einige Erfolgsgeschichten, aber auch Storys von ausgelösten Psychosen und Wechselwirkungen mit Medikamenten.

Einige Bekannte von mir hatten bereits Ayahuasca genommen und berichteten von lebensverändernden Erfahrungen, die mit Worten nicht zu beschreiben seien. Sie erzählten von übersinnlichen Visionen, 3D-Bildern vor dem inneren Auge, und wie sie sich mehrfach übergeben mussten – und dabei alte Themen losließen.

Wenn ich so etwas höre, dann entsteht in mir der Reflex, es unbedingt ausprobieren zu wollen. Dennoch ließ ich mir Zeit, weil ich weiß, dass ich auf jegliche Substanzen stark reagiere. Und ich mache bereits durch die Meditation sehr viele intensive Erfahrungen, die ich verarbeiten muss. Ich weiß, dass es einfach sein kann, sein Bewusstsein zu öffnen und neue Erfahrungen zu machen oder alte Themen aus dem Unterbewusstsein in die eigene Realität zu holen. Aber ich weiß auch, wie langwierig und mühsam es sein kann, diese Erfahrungen für sich zu verstehen, zu verarbeiten und mit den daraus entstehenden Gefühlen umzugehen. Es werden viele Fragen über das Leben und den Sinn aufgeworfen, und es gibt wenige Menschen, die einen dabei unterstützen können.

Ayahuasca wird als Sud getrunken, der aus der Liane Banisteriopsis caapi und den Blättern einer Pflanze, die den psychedelischen Wirkstoff Dimethyltryptamin (DMT) enthält (zum Beispiel das Kaffeestrauchgewächs Psychotria viridis), hergestellt wird.

Ich erfuhr über Bekannte von einem Schamanen und meldete mich zu einem Ritual an. Ich bekam vorab ein paar Hinweise – vor allem, dass ich mich an den Tagen davor am besten vegan und leicht ernähren sollte. Alkohol, Nikotin und Kaffee sollte ich weglassen und viel Wasser trinken. Fasten sei auch gut. Ich habe von anderen Retreats gelesen, dass man sich zwei Wochen mit pflanzlicher Ernährung oder Fasten auf den Trip vorbereitet, um möglichst schon einmal »gereinigt« zu sein. Einen halben Tag vorher sollte man am besten weder essen noch trinken, damit der Magen leer ist.

Das Ritual startete am Abend und sollte die ganze Nacht bis zum Anbruch des nächsten Tages dauern. Dunkelheit ist für das Ritual am besten, da man durch die Einnahme unter anderem auch empfindlich auf Licht reagiert. Außerdem könne die Pflanze »Schattenarbeit« leisten, also Erlebnisse und Erfahrungen aus dem Unterbewusstsein ins Bewusstsein holen.

Für das Ritual richteten wir im Halbkreis um den Schamanen unsere »Lager« ein. Wir sollten es uns so gemütlich wie möglich machen – und auch warm, denn es kann passieren, dass es einem zwischendurch sehr kalt wird. Neben mir drapierte ich griffbereit Taschentücher, eine Wasserflasche und einen kleinen Eimer.

Nach ein paar einführenden Worten, und nachdem wir uns

alle vorgestellt hatten, benannte jeder seine Intention. Alle wollten die Tiefe des Lebens erforschen – mit Respekt vor der Wirkung der Pflanze als »Medizin« oder »Lehrerin«.

In meiner Gruppe waren mehr Männer als Frauen. Wenn es um eine »Mutprobe« geht, finde ich bei spirituellen Events oft mehr Männer als Frauen. Fast alle hatten schon einmal eine Zeremonie erlebt und stellten sich erneut der Erfahrung. Der Schamane empfahl uns nach der Einnahme erst einmal, sitzend zu meditieren und uns möglichst nicht direkt zu übergeben, damit die »Medizin« wirken könne. Sie besteht genauer gesagt aus zwei Suden, die hintereinander eingenommen werden. Das DMT allein würde vom Körper sofort abgebaut werden, es wirkt erst in Kombination mit der Lianenrinde psychoaktiv: Diese hemmt das körpereigene Enzym Monoaminooxidase (MAO) und garantiert so einen mehrstündigen Trip.

Als ich so dasaß, den Geruch von Palo Santo und Mapacho in der Nase, mit dem der Schamane räucherte, alles dunkel bis auf ein wenig Kerzenlicht, im Hintergrund mystische Musik, bekam ich es richtig mit der Angst zu tun. Ich hätte natürlich jederzeit gehen können. Doch ich sprach meine Intention laut in den Raum: »Ich will eine neue Erfahrung machen und mehr über mich selbst und das Leben erfahren.«

Als ich an der Reihe war, reichte mir der Schamane ein kleines »Schnapsglas« mit der eingekochten Liane. Die Flüssigkeit war rotbraun und dickflüssig wie geronnenes Blut. Er gab mir dazu ein Stück Apfel, das ich nach dem Trinken essen sollte, damit der Geschmack der Pflanze nicht im Mund bleibt. Ich habe in meinem ganzen Leben noch nie einen so fürchterlichen Geschmack erlebt. Ganz schrecklich bittersüß, mit nichts zu vergleichen. Ich verzog das Gesicht und stürzte den Apfel hinterher, weil es nicht auszuhalten war und der Würgereiz schon einsetzte.

Der zweite Sud war genauso schlimm. Es ist ein komisches Gefühl, wenn die Substanz im Körper ist und es dann keinen Ausweg mehr gibt. Gerade für mich, die gern alles unter Kontrolle hat. Ich wartete nach dem zweiten Glas mit dem Sud der Blätter voller Aufregung darauf, dass die Wirkung einsetzte, jedoch eher mit Panik als mit Freude. Das war keine gute Voraussetzung. Ich meditierte eine Stunde, merkte aber nichts, während die anderen sich bereits in ihre Eimerchen übergaben. Jedes Mal kam der Schamane dann zu der Person und räucherte, um die negative Energie, die frei wurde, aufzulösen.

Die Menschen um mich herum wälzten sich, stöhnten, lachten laut oder weinten, doch bei mir passierte zunächst nichts. Ich war sehr verwundert, und der Schamane, der uns alle die ganze Zeit hellwach im Blick hatte, winkte mich zu sich. Ich trank noch einmal eine halbe Dosis – und nur eine Sekunde später war ich woanders. Mein Körper wurde schwer und träge, ich schaffte es gerade noch zurück auf mein Lager. Ich sah mit offenen Augen verschwommen und mit geschlossenen Augen klar.

Die Wirkung setzte dann so plötzlich und stark ein, dass es mir zu viel wurde. Vor meinen Augen sah ich bunte Muster und Farben und hatte das Gefühl, eine schwarze Schlange mit wilden Tribal-Mustern würde sich durch meinen Körper ziehen. Sie war so präsent vor meinen Augen wie in einem 3D-Kino. Ich versuchte, mich zu entspannen, aber es fiel mir schwer, denn mich packte eine unfassbare Übelkeit. Und das Schlimmste daran: Sie hing fest und wollte nicht raus. Ich hätte mich sehr gern übergeben, aber es ging nicht. Stattdessen hatte ich das Gefühl, die Schlange führte mich in einen Abgrund, zu einer Kinovorführung, bei der mir all meine Ängste und negativen Erinnerungen präsentiert wurden und ich an den Sessel gefesselt war.

Es war schlimmer als jeder luzide Albtraum, und ich konnte nicht entkommen. Ich ging auf die Toilette, wollte frische Luft schnappen, doch der Schamane holte mich bald zurück und meinte, ich solle nicht davonlaufen. Genau das war schon oft in meinem Leben mein Impuls gewesen. Ich legte mich also seitlich auf meine Matte und dämmerte in eine tiefe Versenkung, aus der ich immer wieder geweckt wurde, weil mir so übel war. Und das Kino ging weiter, mit Szenen aus meinem Leben, in denen ich mich einsam und verlassen gefühlt hatte. Ganz plastisch sah und fühlte ich alles noch einmal, und alle Gefühle sammelten sich auf der Brust.

Ich setzte mich auf, hielt meinen Eimer, und es dauerte ewig, bis ich mich endlich übergeben konnte. Ich fühlte mich ein bisschen, als hätte ich Wehen. Ich schämte mich auch, mich in der Gruppe zu übergeben. Aber dann klappte es endlich. Ein paar Minuten hatte ich meine Ruhe, und ich legte mich wieder hin, nachdem der Schamane sein Räucherritual gemacht hatte: Er murmelte etwas und räucherte mich und meine Umgebung. Es fühlte sich gut an, dass jemand »sauber« machte.

Ich dachte, ich könnte nun chillen und genießen. Doch nach wenigen Minuten kamen die Übelkeit wieder und auch die Bilder. Zwischendurch hatte ich das Gefühl, die Schlange, die auch eine Liane sein konnte, würde mir etwas zuflüstern. Und es machte tatsächlich Sinn. So wie Belohnungen dafür, dass ich in den Abgrund sah, gab sie mir ab und zu Tipps für mein Leben und die Zukunft. Sie schien mir erklären zu wollen, wie alles zusammenhängt – in meinem Leben und auf der ganzen Welt. Ich kann mich nicht mehr an alles erinnern, aber ich weiß, dass ich ab und zu Aha-Momente hatte, die sich tief in mein Bewusstsein einbrannten. Diese Momente kenne ich auch von intensiven Meditationen – und mir wurde erneut klar, wie stark die Wirkung von Meditation allein schon ist. Auf so einer inneren Reise kann man einiges erleben. Ich weiß hingegen nicht, wie ich die neun Stunden bis zum Morgen überlebt habe.

Die schöne Erfahrung, die ich mir erhofft hatte, blieb leider aus, noch am Morgen war ich erschöpft und hypersensibilisiert. Ich wollte meinen Eimer ausleeren und dachte, er sei randvoll. Dabei war kaum etwas drin. Was hatte ich denn da die ganze Zeit ausgespuckt? War es wirklich nur Energie?

Auch in den Tagen danach musste ich mit einer Sonnenbrille nach draußen gehen, weil meine Augen so empfindlich waren. Und ich nahm alles sehr viel intensiver wahr: Gerüche, Farben, Geräusche. Meine Sinne waren noch mehr geöffnet, als sie es ohnehin schon sind. Heute weiß ich, dass ich eine intensivere Nachbetreuung gebraucht hätte, um das Erlebnis zu verdauen und zu verarbeiten. Ich konnte natürlich mein Leben normal weiterleben und war auch schon nach ein paar Stunden Schlaf und Essen wieder voll da – aber ich hatte wochenlang ein schlechtes Gewissen mir selbst gegenüber. Ich hatte das Gefühl, dass ich mich »vergiftet« hatte oder über meine Grenze gegangen war.

Im Laufe der folgenden Monate kam immer mal wieder die

Erinnerung hoch – besonders, wenn ich Zeit und Raum hatte, zum Beispiel über Weihnachten, als ich mein Raunacht-Ritual durchführte und viel Freizeit hatte. Zuerst kam die Übelkeit, dann die Bilder, und ich versuchte, mir alles Stück für Stück anzuschauen und loszulassen. Tatsächlich musste ich mich dann auch wieder übergeben. Mehr und mehr konnte ich zulassen und verstehen, dass dies auch ein heilsamer Prozess war. In meiner Vorstellung wollte ich ein »schönes« Erlebnis haben – aber vielleicht war dieses unschöne Erlebnis genauso lehrreich?

Bei weiteren Recherchen entdeckte ich immer wieder, dass sich bei vielen Menschen, die Ayahuasca nehmen, eine Schlange zeigt. Ich hatte vor meiner eigenen Erfahrung bewusst nicht viele andere Berichte gelesen, um erwartungsfrei reinzugehen. Im Nachhinein war ich dann wirklich fasziniert und konnte die Erlebnisse immer weniger als Hirngespinste sehen und mehr als wertvolle Bilder aus einem anderen Bewusstseinsstrom. Ich versöhnte mich langsam mit Ayahuasca als »Turbo-Therapeutin« und bin dankbar, dass ich durch meine Meditationsroutine und meine stärkenden Alltagsrituale bereits Techniken habe, mit dem Erlebnis umzugehen. Und dennoch werde ich den Pflanzensud nie wieder trinken. Denn im Gegensatz zum Glücksrausch, der durch andere Substanzen entstehen kann und eher auf Verdrängung des Alltags und der eigenen Gefühle basiert, wirkt Ayahuasca genau umgekehrt: »ent-täubend« anstatt betäubend. Es gibt keine Garantie und kein Entkommen.

Eine Nacht mit magischen Pilzen

Das Thema ließ mich nach dieser Nacht immer noch nicht los, und ich hatte das Gefühl, dass ich meine Erfahrung mit den psychoaktiven Substanzen nicht abgerundet hatte – so als hätte ich etwas zu früh abgebrochen.

Ich finde es sinnvoll, die Möglichkeit einer sicheren und betreuten Erfahrung zu haben, anstatt bei Schamanen, die sich selbst so bezeichnen, zu sein, die einen vielleicht nicht ausreichend unterstützen können, wenn es darum geht, die Einsichten ins Leben zu integrieren. Den Fehler wollte ich nicht noch einmal machen. Ich erfuhr, dass es etwa in Amsterdam eine Einrichtung namens »Synthesis« gibt, die Retreats mit psychoaktiven Trüffeln anbietet, die in den Niederlanden legal sind. Ausgebildete Coaches begleiten die Teilnehmer, eine medizinische Betreuung gibt es ebenfalls. Vorab findet ein Gesundheitscheck statt, und während der Einnahme der Pilze ist jemand mit entsprechenden Fachkenntnissen vor Ort. Denn – und das trifft auf jedes Ritual zu – es ist neben der Substanz selbst das Allerwichtigste, dass das Set und das Setting stimmen: Das heißt, die innere Einstellung (Set) muss zum Trip passen, und der Ort und die Menschen (Setting) müssen Sicherheit, Vertrauen und Erfahrung bieten. Ansonsten werden die Probleme eventuell größer als vorher, und man kommt aus der Erfahrung heraus wie aus einer volltrunkenen Party-Nacht.

Die Azteken nannten Pilze mit dem psychedelischen Wirkstoff Psilocybin *Teonanácatl* (Fleisch der Götter) und verwendeten sie in Ritualen. Ich wollte die Wirkung der Magic Mushrooms in einem sicheren Umfeld kennenlernen und fragte einen Bekannten, ob er mich in einem privaten Ritual als »Trip-Sitter« begleitete. Er beschäftigt sich seit vielen Jahren mit den psychedelischen Substanzen – und ich vertraute ihm. Als Erstes führten wir ein intensives Vorgespräch, eine Art »psychedelisches Coaching«. Wir sprachen über meine Meditationspraxis, meine vorherigen Erfahrungen mit Ayahuasca und anderen Ritualen. Ich hatte das Gefühl, dass er verstand, was mich bewegte und wo meine Grenzen und Hemmungen lagen. Er erklärte mir auch:»Genaugenommen ist eine Erfahrung mit Magic Mushrooms eine Meditation mit Hilfsmittel, ebenso wie verschiedene Atemtechniken, Tanzen und andere rituelle Handlungen valide Hilfsmittel sein können.« Grundsätzlich sei ich mit meiner Meditationspraxis bereits ideal aufgestellt, eine psychedelische Erfahrung zu meistern. Das gab mir neue Sicherheit.

Wir planten die Phasen und den genauen Ablauf unserer Zeremonie, das Setting und die Musik, die er während der Zeit zu spielen plante. Er erklärte mir auch die genaue physiologische Wirkung, die im Gehirn stattfinden würde, die Risiken und möglichen Szenarien, die während des Trips passieren könnten: Gedanken, Gefühle oder Bilder, mit denen ich im Konflikt stehen könnte.

»Sehr herausfordernde Momente entstehen, wenn sich daraus Gedankenschleifen bilden, aus denen man glaubt, nicht mehr herauszukommen«, warnte er mich vor. Er riet mir, wie beim Meditieren, immer wieder in die beobachtende und akzeptierende Haltung zu gehen. Ich sollte nicht versuchen, die Bilder abzuwehren, sondern lediglich einen Abstand herstellen, der es mir ermöglichen würde hinzuschauen. Gerade in diesen konfliktreichen Gedanken, Gefühlen und Bildern liege eine große Chance. »Denn diese Konflikte bestehen ja nicht erst ab dem Moment, in dem man sie sieht, sondern wirken unterschwellig schon lange auf die eigene Psyche und Gesundheit. In der psychedelischen Erfahrung werden sie eben erst sichtbar, nachdem dem Ego die Möglichkeit genommen wurde, sie immer weiter vor sich herzuschieben, zu verdrängen oder gar zu verleugnen.«

Er malte mir auch in großen Kreisen meine Komfortzone auf, dazu die Angstschwelle, die ich überbrücken müsse, wenn ich in die Lern- und danach in die Wachstumszone kommen wollte. Wachstum sei nur außerhalb der Komfortzone möglich. »Um die Angstschwelle zu überqueren, bedarf es Mut. Mut heißt nicht, dass ich völlig angstfrei sein muss, denn Angst ist etwas ganz Natürliches. Mut bedeutet vielmehr, dass ich die Bereitschaft aufbringe, mich einer ungewissen Situation zu stellen, und mir auch Dinge anschaue, die mein Ego bisher als unangenehm oder bedrohlich klassifiziert hat. Dann kann ich meine Komfortzone schrittweise vergrößern und immer mehr Vertrauen fassen«, erklärte er.

Als Vorbereitung auf die Zeremonie nahm ich in einem bestimmten Tagesrhythmus eine kleine Mikrodosis der Pilze ein. Mikrodosierungen sind nur Krümelchen und werden so gewählt, dass sie gerade unterhalb der spürbaren Wirkschwelle bleiben. Ich fühlte mich etwas energiegeladener, aber es setzte kein Rausch ein.

Wir nahmen uns schließlich ein ganzes Wochenende Zeit für meine intensive Erfahrung mit einer höheren Dosis, die mir eine leichte Grenzerfahrung ermöglichte, mit der ich aber keinen vollständigen Kontrollverlust zu befürchten hätte. Ich bekam einen getrockneten Pilz der Gattung *Golden Teacher* und einen Becher Ingwertee wie Medizin. Ich tunkte ihn ein, damit er weicher wurde, und aß ihn, möglichst ohne einzuatmen, denn er schmeckte bitter und muffig.

Ich wartete eine halbe Stunde und merkte nichts. Ich nahm noch einen kleinen Pilz – und dann kam sie direkt wieder: die Übelkeit, in Begleitung von Angst. Mein Trip-Sitter setzte sich ganz nah zu mir, während ich mich auf die Seite drehte und leicht panisch wurde: »Ich schaffe das nicht noch einmal«, sagte ich in Gedanken an den Ayahuasca-Trip. Er blieb ganz ruhig und riet mir, mich einfach zu entspannen, die Kontrolle loszulassen und mich der Erfahrung hinzugeben.

Ich schloss meine Augen – und da war sie wieder: die schwarzrote Schlange. Ich erzählte, dass ich das Gefühl hatte, wieder auf demselben Trip zu landen, und dass die Schlange wieder da sei. Er sagte: »Du kannst sie nicht wegmachen oder ignorieren, aber du könntest dir die Schlange genau anschauen. Und du kannst auch mit ihr reden!«

Das tat ich. Ich fragte im Inneren still nach, was sie eigentlich von mir wollte. Sie sagte: »Ich will dir helfen!« Ich war erstaunt, sie sah doch so böse aus, wie glühend fließende Lava mit Augen. Ich fasste Mut und Vertrauen und sagte im Inneren zu ihr: »Okay, ich lasse es zu!«

Gleichzeitig sagte mein Begleiter: »Du hast zwei Möglichkeiten: Du kannst erneut in den Kampf gehen oder dich voller Vertrauen dem Prozess hingeben. Aber jetzt wäre die Chance hinzuschauen, was es zu entdecken gibt. Du entscheidest, in welche Richtung die Reise geht.«

Dieses Mal überschritt ich die Schwelle der Angst und stieg voll in die Erfahrung ein. Als ich die Augen langsam schloss, war die Schlange wieder da – aber sie hatte nun eine goldene Farbe angenommen und schlängelte sich vom Steißbein meine Wirbelsäule hoch. Das gab mir Halt und Kraft. Und ich dachte daran, dass eine Schlange sich häuten und Altes wie einen abgetragenen Mantel ablegen kann. Diese Fähigkeit wollte ich mir als Vorbild nehmen. Ich meditierte bis tief in die Nacht – sechs Stunden vergingen, sie fühlten sich aber an wie nur eine. Die Übelkeit war von einer Sekunde auf die nächste weg, mein Ego auch – und ich hatte das Gefühl, einen 3D-Film über die Beziehungen und Verbindungen in meinem Leben zu sehen. Ich war komplett bewusst, und wenn ich die Augen öffnete, war der Film auch nicht mehr da. Aber die Augen klappten automatisch immer wieder zu, mein Körper fühlte sich schwer an. Ich konnte die inneren Bilder nicht abschalten. Mehrmals hatte ich den Impuls, aufzustehen und zu sagen: Ich bin fertig! Aber ich konnte nicht. Immer wieder wurde ich gefühlt sanft in den Kinosessel gedrückt, und es gab keine Ablenkung. Mein Ego leistete keinen Widerstand mehr. Ich musste hinsehen. Dabei wurden mir die Augen sinnbildlich geöffnet, und mir wurde sehr viel klar – über mich und das Leben generell.

Die ganze Zeit spielte im Hintergrund wechselnde Musik, die mich begleitete. Es fühlte sich anders an als wenn ich im Alltag Musik höre. Die Klänge drangen tief in mein Inneres und vibrierten in mir nach. Ich *war* die Musik. Zwischendurch hatte ich das Gefühl, dass mein Bewusstsein grenzen- und zeitlos ist – und darin kein Ego existiert. Es ging einfach im Meer meiner Wahrnehmung unter. Beängstigend, aber beruhigend zugleich. Es ist unmöglich, alles in Worte zu fassen, was ich erlebte. Mein Verständnis von Leben, Tod, der Welt und dem Sinn bekam noch einen Schub Klarheit, und viele Erfahrungen, die ich während der jahrelangen Meditation gesammelt hatte, rasteten wie ein Puzzle ein.

Ich musste zwischendurch lachen, weil viele Zusammenhänge in meinem Leben so auf der Hand lagen und ich sie einfach mit dem Ego-Verstand übersehen, im Alltag verdrängt oder nicht daran geglaubt hatte. Zeit und Raum wurden eins, und ich tauchte in eine Ewigkeit ein, die in mir tiefe Liebe und Frieden entstehen ließen. Ich dachte: Diese Welt hat noch andere Werte und Gesetze als die starren Ego-Ansichten. Doch was ist das Leben? Wo kommen wir her, und wo gehen wir hin? Ich glaube, die Antwort ist eine Erfahrung. Und dieses Ritual in Kombination mit allen anderen Ritualen hatte mich damit beschenkt.

Ich erinnerte mich an so gut wie alles, was passiert war. Es war anders als ein Traum. Und es fühlte sich tatsächlich real an. Mein Trip-Sitter sagte: »Viele Menschen berichten, dass sich eine solche Erfahrung sogar realer anfühlt als die ›normale‹ Realität. Und auch das ist keine Täuschung, sondern sogar recht gut erklärbar. Während des normalen Alltagsbewusstseins filtert das Ego ständig Wahrnehmungen und Informationen weg, die nicht dem unmittelbaren Überleben dienen.« Das Gehirn könne die ständige Flut an Informationen überhaupt nicht bearbeiten. Gleichzeitig sorge das Ego dafür, dass man aufgrund dieser gefilterten Informationslage immer wieder dieselben Handlungsmuster abspult und sich über die Jahre hinweg Gewohnheiten einschleifen.

»Häufig befahrene Datenbahnen im Gehirn werden weiter ausgebaut, und weniger stark genutzte Datenbahnen geraten in Vergessenheit.« Das sei unter Evolutionsgesichtspunkten eine sehr energieeffiziente Art, sich in einer bestimmten Umwelt das Überleben zu sichern. »Unter Psilocybineinfluss wird das Ego mitsamt all seinen Abwehrmechanismen deaktiviert, und das Gehirn wird buchstäblich freier. Hirnareale, die vorher nichts miteinander zu tun hatten, kommunizieren plötzlich. Es führt zu einer höheren Vernetzung und der Ausbildung neuer Nervenzellen. Mit einem Hirn ohne Wahrnehmungsfilter und ohne Abwehrmechanismen befindet man sich also tatsächlich in einer Art Hyperrealität. Das Bewusstsein wird erweitert.«

Die Befürchtung, dass mich irgendwelche Monster aus dem Unterbewusstsein auffressen, war nicht eingetreten. Der Keller in mir war leer. Oder besser gesagt, die tiefste Erfahrung war Ich-los. Ich kann sagen, dass ich die Angst vor dem Tod verlor, denn der innerste Kern fühlt sich unbegrenzt, körperlos, wie eine gelassene und zeitlose Energie an.

So viel Zeit wie in den darauffolgenden Tagen hatte ich mir selten für mich selbst genommen, aber ich wusste, es war die wichtigere Übung, das eigentliche Ritual: die Einsichten mit meinem Leben und Alltag zu verknüpfen. Ich fühlte eine intensive Demut vor spirituellen Erfahrungen und den Räumen, wo diese erfahrbar sind. Ich verneigte mich innerlich vor dem Leben. Ein Leben ohne die Ängste, Zwänge und Begrenzungen des Egos. Stattdessen: Freiheit und ein Schatz an Weisheit, den ich noch weiter ergründen würde, vor allem durch Meditation und Selbstreflexion.

Ich bin sicher, dass man eine Innenschau auch ohne irgendeine Substanz schafft, wenn man eine regelmäßige spirituelle Praxis hat; sich dabei nicht selbst beschummelt, indem man über seine Themen und Gefühle hinwegsieht; und kompetente Lehrer, Therapeuten, Coaches und Gleichgesinnte an der Seite hat.

Ich würde es stark vereinfacht so ausdrücken: Wenn du zu Fuß stundenlang einen hohen Berg hinaufgehst, dann genießt du auf dem Gipfel dieselbe Aussicht wie jemand, der sich mit dem Helikopter in wenigen Minuten hochfliegen lässt. Doch jenem fehlen die Erfahrungen, die du unterwegs gemacht hast, und er hat keine Zeit, sich an die dünnere Luft zu gewöhnen. Wer Psychedelika oder berauschende Substanzen nimmt, der steigt in den Helikopter. Ich werde ab sofort zu Fuß weitergehen, auch wenn der Trip ohne Substanzen länger dauern kann und mehr eigene Kraft erfordert.

Was ich gelernt habe

- Substanzen wirken bei jeder Person anders, und ich denke, es ist ähnlich wie bei Nahrungsmitteln: Was man verträgt und wie viel davon, ist sehr individuell. Man sollte vor der Wirkung Respekt haben und seine Grenzen nicht ausreizen. Es sollte eine klare und bedeutende Intention geben, warum man das Ritual macht.
- Ich rate dir, niemals an einem Ritual ohne den passenden Rahmen und einen erfahrenen Begleiter teilzunehmen. Bei der erstmaligen Einnahme würde ich psychoaktive Substanzen nicht im Selbstversuch allein zu Hause oder mit ebenfalls unerfahrenen Freunden testen. Für mich sind das

starke »Enttäubungsmittel«, die unterdrückte Gefühle und Erlebnisse an die Oberfläche holen können.

- Ein Ritual braucht immer eine Vorbereitung und einen Abschluss – und bei intensiven Erfahrungen auch eine längere Zeit der Integration in den Alltag, am besten mit kompetenter Betreuung von Therapeutinnen und Therapeuten.

Ein Ritual, das ich empfehle

An dieser Stelle möchte und kann ich keine Empfehlung für ein Ritual aussprechen. Und ich möchte noch einmal betonen: Eine längere Zeit der Meditation und Auseinandersetzung mit sich selbst ist eine wichtige Vorbereitung auf eine Erfahrung mit Magic Mushrooms, Ayahuasca etc. Meiner Meinung nach kann man alle spirituellen Erfahrungen und Erkenntnisse über sich selbst auch durch die risikofreie Meditation machen, wenn man etwas Geduld und Disziplin aufbringt. Aber es kann sein, dass ein Ritual mit den Substanzen selbst für erfahrene Meditierende neue Türen öffnet und wichtige Impulse setzt. Es ist essenziell, sich für das Erlebnis mehrere Tage komplett freizunehmen und das Setting sowie den Leiter des Rituals vorab zu kennen und für sich zu prüfen. Ohne Vertrauen geht es für beide Seiten nicht.

7

Das Leben feiern: alternative Festrituale

Ich erinnere mich gerne daran, wie ich die Taufkerze meines Patenkindes anzünden durfte. Oder wie meine Freunde nach ihrer Trauung jubelnd mit Blumen und Reis beworfen wurden. Ich denke gerne an die Beerdigung meiner Oma zurück, bei der ich vor ihrer Urne stand und im Namen aller Enkel eine Rede hielt. Ich brachte viele schöne Erinnerungen zur Sprache und dankte ihr für die gemeinsame Zeit.

Wenn ich zu einer Hochzeit, Taufe oder einer anderen Feier eingeladen werde, freue ich mich jedes Mal sehr, denn ich liebe die emotionale und besondere Stimmung, die Freude und das Gefühl der Zusammengehörigkeit.

Persönliche Feste mit Ritualen begleiten

Die bekanntesten und verbreitetsten Rituale der Welt sind Hochzeitsrituale. In jeder Kultur gibt es viele Bräuche für die Verlobung, den Junggesellinnen- und Junggesellenabschied und die Trauung. Einer davon ist der Ringtausch als übliches Ritual in der westlichen Kultur.

Die Hochzeit ist an die Tradition oder Religion gebunden und folgt in vielen Kulturen allgemeingültigen Regeln mit Vorschriften zur Kleidung, zum Ablauf und zu einzelnen Ritualen innerhalb der Zeremonie. Viele Menschen finden sich in der Tradition wieder, aber da wir generell immer stärker individualisiert leben, da nicht alle Brautpaare aus derselben Kultur kommen oder gleichgeschlechtlich sind, da es oft Patchworkfamilien zu integrieren gilt, suchen viele Menschen nach einem maßgeschneiderten und modernen Zugang, der zu ihnen passt.

Ich weiß für mich: Wenn ich heirate, möchte ich ein besonders kraftvolles, emotionales und verbindendes Ritual mit allen meinen Herzensmenschen feiern, das zu mir und meinem Partner passt. Es ist wichtig, wer diese Trauung mit welcher Energie und welchen Worten durchführt. Wir werden sicher nicht schwören: »Bis dass der Tod uns scheidet«.

Ich bin nicht mehr Teil einer religiösen Gemeinde, weil ich nicht an Religionen glaube, sondern an eine tief verankerte und natürliche Spiritualität, die uns alle eint. Aber dennoch möchte ich nicht auf eine Zeremonie verzichten. Das bezieht sich auf alle wichtigen Stationen im Leben. Ein Kind sollte auf besondere Art gesegnet und in der Welt begrüßt werden. Wenn ein geliebter Mensch stirbt, dann möchte ich ihn auf einzigartige Weise verabschieden.

So geht es heutzutage vielen Menschen. Das bestätigte mir auch die freie Rednerin Nadine Jungbecker aus Remscheid[20]: Sie verzeichnet in den vergangenen Jahren einen Zulauf – insbesondere bei Hochzeiten. Die Menschen möchten oft nicht in der Kirche heiraten, wünschen sich aber trotzdem eine schöne Zeremonie zusätzlich zur standesamtlichen Trauung, beispielsweise mit individuellen Ritualen, die auch ihre Angehörigen einschließen. Jungbecker erzählte mir, dass es mittlerweile auch vermehrt Patchworkfamilien gebe und dass viele Paare gern die Hochzeit mit der Taufe ihres Kindes verbinden möchten.

Angefangen hat Nadine mit der Planung von Hochzeiten, und dabei ist ihr aufgefallen, dass sich Paare nicht nur eine individuelle Rede wünschen, sondern auch besondere Rituale, die ihre Verbindung symbolisieren. Deswegen gibt es bei ihr keine vorgefertigten Reden oder Schablonen, sondern eine komplett individuelle Zeremonie, die sich ganz nach den Wünschen des jeweiligen Paares richtet. »Nur Beten oder andere religiöse Handlungen mache ich nicht selbst, weil ich keine Pfarrerin bin. Das übernimmt jemand aus der Verwandtschaft, wenn dies zum Beispiel bei einer Beerdigung gewünscht ist.«

Sie selbst habe auf der Beerdigung ihrer Oma bemerkt, dass die Worte des Pfarrers so allgemeingültig und komplett unpersönlich waren, dass sie gar nichts mit der Verstorbenen zu tun hatten. »In der Rede war einfach nichts Individuelles, sondern nur der Name meiner Oma eingefügt.« Nadine hätte sich damals einen persönlicheren Zugang gewünscht, der auch die

Trauergemeinde einschließt, in der schöne Momente und Erinnerungen angesprochen werden.

Wenn Paare oder Angehörige für die Planung zu ihr kommen, haben sie manchmal bereits eigene Ideen, die sie bei Recherchen im Internet gefunden haben. Ein sehr bekanntes Ritual bei Hochzeiten sei zum Beispiel das Sandritual. »Dabei vermischt das Paar zwei verschiedenfarbige Sandhaufen in einem Glasgefäß. Das symbolisiert, dass sie von nun an ein neues Bild ergeben, eine Einheit, dass sie zusammengehören und nur schwer zu trennen sind, aber jeder seine eigene Qualität mitbringt und behält.« Je nachdem, ob es schon Kinder gibt, können diese auch eine Farbe hinzufügen.

Und oft werden auch altbekannte Rituale mit eingebaut: »Eine selbst gestaltete Hochzeits- oder Taufkerze ist durchaus üblich, und natürlich fehlt der Ringtausch nicht, auch wenn das Paar bereits im Standesamt die Ringe gewechselt hat«, sagte Nadine.

Traditionelle Rituale wie Holzsägen (als Symbol für gemeinsames Anpacken) oder der Besensprung (als Symbol für das Bewältigen von Hindernissen) seien nicht sehr beliebt – es sei denn, sie werden neu interpretiert. »Ich begleitete mal ein Bodybuilderpaar. Den beiden habe ich vorgeschlagen, dass sie über eine selbst gestaltete Langhantel springen. Das hat ihnen sehr gut gefallen.« Ein anderes Mal hat ein Paar einen Leuchtturm gemeinsam aufgebaut und entzündet, weil sie eine Liebe für Fehmarn verbindet. »Nicht jedes Ritual passt zu jedem Menschen. Das Paar soll sich im Ritual wiederfinden. Es gibt Paare, die sich etwas Emotionales wünschen, aber andere wollen lieber, dass es lustig wird«, berichtete Nadine. »Ich erkläre das Ritual immer für alle Anwesenden. Ich mache keine Rituale, damit sie einfach dabei sind. Sie müssen immer eine tiefere Bedeutung haben.«

Ein beliebtes Ritual, bei dem die gesamte Hochzeitsgesellschaft involviert wird, ist das Packen einer Erinnerungskiste. »Anhand von Gegenständen erzähle ich dann aus der Vergangenheit des Paares – dazu gehören die Kennenlerngeschichte oder gemeinsame Urlaube und Meilensteine.« Am Ende legt Nadine die von ihr ausgestellte Trauurkunde dazu, die von den Trauzeugen unterschrieben wird und vom Paar auf Wunsch mit einem eigenen Logo verziert werden kann. Die Urkunde ist das Symbol für die Gegenwart. Manchmal gibt es auch selbst verfasste Eheversprechen. Die Gäste fügen dann noch einen Gegenstand für die Zukunft hinzu. Jeder darf laut verkünden, was er dem Ehepaar mit auf den Weg gibt. Dann wird die Kiste versiegelt und kann zur Erinnerung immer wieder zu den Jahrestagen geöffnet werden.

Ein ähnliches Ritual gestaltet Nadine bei freien Taufen, die sie Kinder-Willkommensfest nennt. Dabei geben die Verwandten und Paten ein Geschenk für das Kind in eine Schachtel, zum Beispiel Briefe oder Symbole für gute Zukunftswünsche. »Da kann man auch Jahr für Jahr etwas nachlegen, und zu seinem achtzehnten Geburtstag bekommt das Kind die Kiste. Das ist sehr emotional, wenn es diese öffnet.«

Das Willkommensfest wird ab und zu auch mit der Hochzeit kombiniert. Das Gedenken an die Verstorbenen kann ebenfalls mit bedacht werden: »Ich entzünde Kerzen für die Menschen, die nicht mehr dabei sein können.«

Das Anzünden der Kerze ist auch bei alternativen Trauerfeiern ein Ritual und steht symbolisch für das letzte Licht. Nadine fragt vor der Zeremonie immer nach, was den Angehörigen als Menschen ausgemacht hat, und achtet darauf, dass die Lieblingsblumen mit ins Grab gegeben werden. »Auf Wunsch lege ich Blumensamenherzen in die Erde. So wächst etwas Neues auf dem Grab. Ein Leben endet, ein neues entsteht.«

Die Kerze anzuzünden oder Luftballons steigen zu lassen sind Mini-Rituale, die zu allen drei Feiern passen und zeigen, dass die Meilensteine im Leben zusammengehören und immer von den engsten Vertrauten begleitet werden.

Die Verbindung ist ein zentraler Bestandteil von Feiern. »Oft baue ich auch Zusammengehörigkeitsrituale in die Zeremonien ein, um Patchworkfamilien noch einmal symbolisch zu vereinen.« So entstehen zum Beispiel Bilder mit Handabdrücken von allen Familienmitgliedern. Oder zwei Kerzenständer werden mit einem Herzen verbunden und die Kerzen gemeinsam entzündet. »Durch die gemeinsame Aktivität bleibt das Gefühl der Zusammengehörigkeit besser in Erinnerung.«

Ich habe die Erfahrung gemacht, dass es sehr bereichernd sein kann, wenn man Wünsche, Übergangsphasen und andere wichtige Momente mit Ritualen aktiv besiegelt, und ich freue mich immer über kreative Alternativen. Meine Geburtstage feiere ich immer mit einem Ritual, zu dem ich nur meine engsten Freunde und Angehörigen einlade. Meist trinken wir einen Kakao, und ich habe die Mitte des Kreises mit den Blumen, Karten und Geschenken geschmückt. In der Runde teile ich mit den Anwesenden, was mich im vergangenen Lebensjahr bewegt hat und was ich mir für das kommende Jahr wünsche.

Genauso können die anderen erzählen, was sie bewegt und was sie sich wünschen. Danach essen wir etwas, ziehen Orakelkarten oder tanzen.

Einige meiner Freundinnen wünschen sich mittlerweile, dass ich zu ihrem Geburtstag ein Ritual durchführe. Ich habe immer große Freude dabei, mir eins für sie zu überlegen. Eine Freundin ist zum Beispiel besonders gern in der Natur – also trafen wir uns an einem schönen Park mit See. Zuerst habe ich sie gebeten, sich einen tollen Stein auszusuchen. Diesen sollte sie dann in der Hand halten und mit allen Sorgen, negativen Erlebnissen und Veraltetem füllen. Den Stein warf sie anschließend in den See und hörte ihn mit einem lauten Platschen aufschlagen und anschließend untergehen. Wir blieben noch ein paar Minuten still stehen, bevor ich ihr weißes Briefpapier gab, auf das sie ihre Wünsche für das neue Lebensjahr notieren konnte. Den Brief bewahrt sie bis zum kommenden Geburtstag auf und kann ihn in einem Jahr noch einmal durchlesen. Dabei geht es nicht darum abzuchecken, ob sich die Wünsche erfüllt haben, sondern eher darum, wo man dann steht. Vielleicht ist der Wunsch auch gar nicht mehr so relevant?

Auch bei sehr schmerzhaften Erlebnissen und Verlusten können Rituale eine Hilfe sein. Gerade, wenn sie nur schwer zu verkraften sind und in unserer Gesellschaft kaum ein Raum dafür geboten wird. Etwa für den Fall, dass man ein Kind verabschieden möchte, das nicht geboren wurde. Eine offizielle Beerdigung ist nicht immer möglich, aber das Bedürfnis nach einem Abschied, um inneren Frieden zu finden, ist groß. Manchmal hilft es schon sehr, einen Brief an das ungeborene Kind zu schreiben.

Die Tradition der Raunächte aufleben lassen

Ein Ritual, das traditionell in unserer Kultur tief verankert ist, sind die Raunächte. Der Ursprung des Wortes ist nicht genau geklärt. »Rau« könnte vom mittelhochdeutschen Wort »rouch« (Rauch) abstammen. Wir feiern oft nur Weihnachten und Silvester mit den gut bekannten Ritualen und Bräuchen – und natürlich denen, die jede Familie für sich pflegt. Da kommt immer dasselbe Essen auf den Tisch, und besonders der Weihnachtsabend verläuft oft ähnlich. Aber die gesamte Zeitspanne zwischen den Jahren bewusst zu erleben, empfinde ich als überaus wertvoll.

Der germanische Kalender hatte Mondjahre mit 354 Tagen sowie Sonnenjahre mit 365 Tagen. Die Differenz beträgt elf Tage und zwölf Nächte. Diese Zeit galt als eine besondere Zwischenzeit, die aus dem Rahmen des Gewohnten fällt, und viele Menschen entdecken heutzutage diese magischen Nächte wieder. In den letzten Jahren sind zahlreiche Bücher zu dem Thema erschienen, oft auch als Tagebuch, das Anleitungen für jeden Tag gibt und viel Raum für eigene Notizen lässt. Es gibt spezielles Räucherwerk für die Raunächte zu kaufen oder Kurse, wo man die Kunst des Räucherns lernen kann und genau erfährt, welches Räucherwerk zu welchem Anlass passt.

Die Tage rund um den Jahreswechsel eignen sich gut für die innere Einkehr, da die spirituelle Energiedichte besonders hoch ist. Und nicht zuletzt ist diese Phase so gut geeignet, weil die Welt ein wenig zur Ruhe kommt und man getrost offline gehen kann.

Die Raunächte galten bei den Germanen und Kelten als eine Phase, in der Dämonen und Geister leichter Zugang zur Welt hatten. Deshalb wurden viele Rituale (wie Räuchern von Haus und Hof sowie Kerzen auf Fensterbänken aufstellen) durchgeführt, um das Negative loszuwerden und Positives einzuladen. Was uns zum Beispiel als Ritual noch geblieben ist, spielt sich in der Silvesternacht ab: Bleigießen und Böllern. Aber dabei geht es im Grunde noch um dasselbe: das Alte vertreiben und sich auf das Neue einlassen. Das Krachen soll das alte Jahr vertreiben, und die Feuerwerke begrüßen das neue. Die Formen des Bleis sollen (möglichst) das Glück für das kommende Jahr vorhersagen.

In der christlichen Tradition gilt die Zeit zwischen Jesu Geburt und dem Besuch der Heiligen Drei Könige, die Schutz und Segen bringen, ebenfalls als eine besonders heilige Phase.

In dieser Zeit mache ich, was mir guttut, was ich tun möchte. Jedenfalls lasse ich keine Termine zu, mache den Computer aus und nehme mir nicht viel vor. Davor sorge ich dafür, dass dies auch möglich ist. In der Adventszeit beginnt für mich das Abschließen. So begleiche ich alle Rechnungen, schreibe alle Mails, gebe alles Ausgeliehene zurück und kläre (wenn möglich) alle Konflikte. Ich räume meine Wohnung auf, sortiere Kleider, Bücher und Unterlagen aus. Ich putze und miste aus, auch damit ich das während der Feiertage nicht machen muss, denn währenddessen soll wirklich nichts erledigt werden, damit genug Raum für Eingebungen bleibt. Dafür ist es wiederum wichtig, dass der Raum um einen unbelastet und schön ist. Die Adventszeit eignet sich auch deshalb sehr gut zum Aufräumen und Ausmisten, denn es ist die Zeit im Jahr, in der wir unser Heim gemütlich machen und schmücken wollen: mit Kerzen, Düften und einem Weihnachtsbaum.

Traditionell durfte während der Raunächte nicht gesponnen werden (es galt, jegliche Hausarbeit zu vermeiden), da sich nur das Rad des Schicksals drehen sollte. Wäsche sollte weder gewaschen noch aufgehängt werden, damit sich darin nicht die bösen Geister verfingen. Der Brauch zieht sich bis heute hin, und viele Menschen waschen zwischen Weihnachten und Neujahr nicht. Auch Backen war verboten, und deswegen entstanden vorab lange haltbare Backwaren wie Stollen oder Plätzchen. Alle im Haus sollten freihaben, auch diejenigen, die sich um den Haushalt kümmerten.

Ich möchte möglichst »unbelastet« ins neue Jahr gehen und bereite mich deshalb auch darauf vor – doch ich mache mir keinen Druck, dass dies perfekt sein muss. In der Vorweihnachtszeit haben wir meist schon genug zu organisieren. Allerdings könnte man sich überlegen, mal eine Weihnachtsfeier auszulassen und die Geschenke frühzeitig zu besorgen, um nicht kurz vor Weihnachten in Stress zu geraten. Ich versuche beispielsweise auch, bewusster zu schenken. So schreibe ich manchen Menschen ein schönes Gedicht oder backe Kekse. Aber ich habe auch eine Raunacht-Einkaufsliste: Ich besorge mir ein neues Tagebuch, schöne Kerzen und Räucherwerk. Ich nutze getrockneten Salbei, den ich im Sommer aus meinem Garten geerntet habe und nun zu kleinen Sträußen binde.

Die erste Raunacht ist am 25. Dezember.[21] Am Tag davor räuchere ich jeden Raum meiner Wohnung aus und schreibe zwölf Wünsche auf einzelne Zettel. Und zwar so, als hätten sie sich längst erfüllt. Jeden Abend verbrenne ich einen davon im Kamin, damit er Realität wird. Und einen dreizehnten Wunsch erfülle ich mir am Ende selbst. Jede Nacht steht für einen Monat im kommenden Jahr, und es kann sein, dass in Träumen Ideen oder Hinweise dazu aufkommen. Deshalb greife ich in dieser Zeit morgens als Erstes zu Tagebuch und Stift, zünde eine Kerze und ein Räucherstäbchen an – und notiere, was ich geträumt habe oder was mich in diesem Moment bewegt. Sobald alle Bilder und Gefühle der Nacht aufgeschrieben sind, beginne ich den Morgen mit einer kleinen Meditation. Das kann auch bedeuten, dass ich einfach einer Kerze für ein paar Minuten zuschaue, wie sie brennt und flackert.

Am Abend notiere ich wieder in mein Tagebuch, was mich bewegt und was sich an diesem Tag gezeigt hat. Ich versuche, zuzuhören und zu beobachten: Welche Gefühle bewegen mich? Was zeigt sich mir, wenn ich in der Natur spazieren gehe, oder welche Themen kommen in Kontakt mit meiner Familie oder meinen Freunden hoch? Und ich baue durchaus auch übliche Bräuche ein: Silvester verbringe ich immer im Kreis von Freunden, und ich trage dabei rote Unterwäsche für das Liebesglück. Aber wir finden inmitten der Feierlichkeiten auch einen meditativen Moment, in dem wir für ein paar Minuten innehalten, das vergangene Jahr dankend verabschieden und das neue willkommen heißen.

Die dunkelsten Tage des Jahres bringen oft tiefe Emotionen in mir zum Vorschein, ich bin dann nicht immer gern unter Leuten, sondern kuschle mich mit Tee und Kerzenschein auf mein Sofa. Ich schlafe mehr und bin nicht so aktiv wie im

Sommer. Und ich finde es normal und gut, sich den Jahreszeiten anzupassen.

Einmal verbrachte ich meine Raunächte mit einer isländischen Freundin im Norden des Landes. Dort wird es praktisch kaum hell zu dieser Jahreszeit, höchstens für ein paar Stunden von 12 bis 15 Uhr. In diesen drei Stunden stürmten wir oft raus, gingen ins Schwimmbad und in die Sauna, erledigten Einkäufe oder versuchten, einen Sonnenstrahl zu jagen. Ich beobachtete, wie meine Freundin am Abend Teelichter an alle Fenster stellte und anzündete. Ich weiß nicht, ob sie es intuitiv gemacht hat oder ganz bewusst, weil es ein üblicher Brauch während der Raunächte ist, um sich vor bösen Geistern zu schützen. Aber ich fühlte mich in der kleinen Holzhütte mitten in der Natur sofort beschützt, auch wenn die starken Winde die Wände oft zum Wackeln brachten und wir sogar eingeschneit wurden.

Island ist ein Land mit ziemlichen Wetterextremen – in den langen, harten Wintern starben früher oft Menschen an Hunger und Krankheiten, auch Kinder. Meine Freundin erzählte mir, dass diese Erinnerung immer noch präsent sei, wenn die dunklen Tage kommen. »Wir werden dann alle emotional und weinen viel. Wir nehmen uns die Zeit, das Jahr zu verarbeiten, um dann mit neuer Energie wieder durchzustarten.«

Besonders im Winter kamen und kommen die Menschen zusammen, um sich Geschichten und Sagen zu erzählen, die bis heute bekannt sind. Und im Winter, so heißt es, zeige sich eine furchteinflößende Hexe aus den Bergen, um unartige Kinder zu stehlen.

An einem Abend ging ich mit meiner Freundin zu einer Wintersonnwendzeremonie kurz vor den Raunächten, bei der alte Sagen erzählt wurden. Wir saßen dabei um ein Feuer, und an einem Punkt der Zeremonie konnten alle nach vorn zur Hexe (verkörpert durch eine ältere Frau) gehen und ihr Leid klagen. Immer wieder gaben einige der Frauen laute Klageschreie von sich. Wir alle wurden dazu ermutigt, unseren angestauten Kummer und unsere Sorgen rauszulassen – und dabei wurde es ziemlich laut in der alten Scheune, in der wir uns trafen. Offenbar war in der Dunkelheit viel aus dem Inneren hochgekrochen, das in den hellen und aktiven Tagen des Sommers keine Chance hatte, sich zu zeigen. Im Alltag hat man auch nicht immer Zeit, tief in die eigene Gefühlswelt einzutauchen, zu trauern und sich neu auszurichten. Aber wann, wenn nicht an den ruhigen Tagen am Jahresende, ist die perfekte Gelegenheit, sich fallen zu lassen, um dann optimistisch in ein neues Jahr voller Wünsche, Träume, Visionen und guter Vorsätze zu gehen?

Wenn Familien an den Weihnachtstagen zusammenkommen und während der Feiertage mehr Zeit als sonst miteinander verbringen, zeigt sich oft alter Schmerz, der nicht selten zu immer denselben Konflikten führt. Es ist also nicht schlecht, ihm vorher schon einmal Raum zu geben, um unbelasteter zu sein.

Wenn ich meine Tagebücher aus den Raunächten im folgenden Jahr durchblättere, schöpfe ich dort Vertrauen und Kraft. Und ich bin verblüfft, wie sich Träume bewahrheitet haben. So hatte ich in einer Raunacht einen sehr intensiven Traum, bei dem ich eine Geburt durchlebte. Ich erinnere mich nicht mehr an das Kind, es ging eher um den Geburtsvorgang. Ich notierte mir damals: Neues kommt auf die Welt. Die Nacht war die achte, also dem Monat August zugeordnet. Was ich damals noch nicht wusste: Genau in dem Monat sollte mein erstes Buch erscheinen. Ich war erstaunt über meine innere Weisheit, die das anscheinend schon vor allen anderen erahnte. Und nicht nur das: In dem Tagebuch finde ich das ganze Jahr über Ideen und Gedanken, die ich für mich und meine Arbeit als Inspirationsquelle verwenden kann.

Bevor die Raunächte enden, nehme ich mir am letzten Tag ein bisschen mehr Zeit für ein Ritual zum Thema Tod. Ich gehe damit einmal im Jahr bewusst in die Auseinandersetzung, um dem eigenen Tod in die Augen zu blicken und so die Furcht zu verlieren. Der Tod ist die einzige Gewissheit in unserem Leben. Nur wissen wir nicht, wann er kommt. Ich habe in einem tibetischen Kloster in Nepal eine Meditation dazu kennengelernt. Dabei ging es darum, sich vorzustellen, dass man bald sterben wird und schon im Bett liegt, weil man körperlich schwach ist. Dann kommen alle Menschen zu Besuch, die im Leben eine Rolle gespielt haben. Auch diejenigen, mit denen man vielleicht noch eine Rechnung offen hat. Ich gehe mit jedem im Geist ins Gespräch, versöhne und verabschiede mich. Das ist relativ schmerzhaft und intensiv. Deshalb empfehle ich, diese Form der Meditation zuerst einmal in Begleitung zu machen, bevor man sie allein übt. Alternativ kann man aufschreiben, was man machen würde, wenn man nur noch ein Jahr zu leben hätte. Was und wer wären dann noch wichtig?

In meiner Meditation stelle ich mir vor, wie ich am Ende selbst zu mir ans Bett komme und mich von mir verabschiede. Dahinter steckt der Gedanke, dass ich meinen Körper und mein Frausein auf dieser Welt hinter mir lasse, wenn ich sie verlasse. Anschließend steige ich in den Sterbeprozess ein, der mittlerweile erforscht wurde und bei den meisten Menschen ganz ähnlich abläuft. Ich bin geneigt zu behaupten, es ist unser letztes Ritual im Leben. Wir kommen auf die Welt mit einem tiefen Einatmen, und wir gehen mit einem Ausatmen. Danach bleibt das Bewusstsein noch eine Weile da, während die einzelnen Sinne versagen. Ich stelle mir vor, wie es wäre, nicht mehr hören, riechen, schmecken oder fühlen zu können. Von dort in eine Meditation überzugehen ist ein spannendes Erlebnis, das mir die Zuversicht gibt, dass Sterben etwas Schönes sein kann, wenn man in dem Moment bewusst loslässt. Wenn ich aus dieser Meditation zurückkomme, fühle ich mich bereit für das kommende Jahr und freue mich auf den nächsten Zyklus, auf jede Jahreszeit, auf jeden Monat, auf jeden Tag und auf jede Nacht. Und auf alle Feiern.

Was ich gelernt habe

- Alte Bräuche und Traditionen neu aufleben zu lassen bringt Freude und kann zu tiefen Erkenntnissen führen.
- Wir sind nicht von der Natur und ihren Zyklen getrennt. Wir können die einzelnen Kräfte für uns nutzen.
- Wie wir unsere Feste feiern, können wir selbst bestimmen. Individuelle Rituale schaffen dabei eine besondere Verbindung.

Ein Ritual, das ich empfehle

Deine Reise durch die Raunächte

Alte Traditionen wie die Raunächte in eine moderne Variante umzuwandeln ist zauberhaft, magisch und begleitet den Wechsel von einem Jahr zum nächsten auf eine besonders bewusste Art. Es ist nicht aufwendig – vor allem nicht, wenn man schon ein Tagebuch, Kerzen und Räucherwerk zu Hause hat. Im Grunde geht es darum, in der Zeit phasenweise in die Stille zu gehen und einfach bewusst zu lauschen. Und das klappt auch, wenn man an diesen Tagen die Familie um sich hat. Es reicht völlig aus, sich ein paar Minuten am Tag für sich selbst zu organisieren. Vermutlich verlaufen mit diesem Freiraum die Tage besinnlicher und friedlicher als gewohnt.

Wer lieber einer genauen Anleitung folgt, sollte sich ein spezielles Tagebuch für die Zeit anschaffen (einfach mal im Buchhandel stöbern). Dort sind bereits kleine Rituale und Meditationen vorgegeben. Es gibt auch spezifische Räuchermischungen und Orakelkarten für die Raunächte. Ein tägliches Ritual könnte bereits sein, jeden Tag eine Karte zu ziehen und darüber in einem Tagebuch zu reflektieren und zu schreiben.

8

Sich selbst ins Lot bringen: die weiblichen und männlichen Anteile in uns

Als ich plötzlich und unerwartet mit elf Jahren körperlich zur Frau wurde, hätte ich mir so etwas wie ein Initiationsritual gewünscht, das mir das Frausein erklärt. So dachte ich, zu bluten sei eklig und lästig – und ich müsste aufpassen, dass niemand etwas davon mitbekommt. Erst heute kann ich meinen Zyklus als eines der wichtigsten natürlichen Rituale überhaupt sehen.

Mein monatliches Ritual lernte ich erst Schritt für Schritt neu zu lieben. Immer mehr erlaubte ich mir, in dieser Zeit auch in die innere Einkehr zu gehen und mich besonders um mich selbst zu kümmern. Das bedeutet: Termine absagen und auf meine eigenen Bedürfnisse achten.

Mir war es in meinem Leben immer leichter gefallen, für andere da zu sein als für mich selbst. Und das zeigte sich nun auch daran, wie ich mich selbst versorgte, wenn ich blutete.

Ignorierte ich mein Bedürfnis nach einer Ruhepause während meiner Periode, bekam ich sofort Krämpfe oder fühlte mich noch schlapper als zuvor, nahezu ausgelaugt. So blieben die vier bis fünf Tage im Monat für mich immer noch eher Fluch als Segen. Bis ich mir selbst die notwendige Liebe und Zuwendung gab, meinen Zyklus verstand und eine wichtige Erkenntnis für mich fand: Wir Frauen sind nicht jeden Tag des Monats gleich, aber es wird von uns erwartet. Die Welt ist eher auf das Männliche ausgerichtet, etwa mit festen Bürozeiten, harten Workouts und Diäten. Für eine Frau ist es aber in der Regel besser, intuitiv ihrem Körperrhythmus zu folgen, um sich nicht selbst zu verlieren. Das bedeutet: Zur passenden Zeit ausruhen, zu anderen Zeiten aktiv sein und darauf vertrauen, am Ende genauso leistungsfähig zu sein. Eben nur zyklisch.

In diesem Kapitel mache ich mich auf die Suche nach heilsamen Ritualen für Frauen und Männer. Dabei geht es darum, sein eigenes Frau- oder Mannsein ganz natürlich neu zu definieren – jenseits von herkömmlichen Rollen. Denn heute haben wir mehr denn je die Freiheit, die Identität und die Gleichgesinnten zu finden, die zu uns passen, und unserer Intuition zu folgen. Ich spreche im Folgenden in der Regel von Frauen und Männern als biologischem Geschlecht, aber mir ist bewusst, dass es verschiedene Gender und Identitäten gibt und dass jeder Mensch auch weibliche sowie männliche Energien in sich trägt.

Die Weisheit meines Unterleibs

Während meiner Zeit in Guatemala traf ich eine mexikanische Womb-Heilerin und wurde mit achtunddreißig Jahren in die Magie des Zyklus eingewiesen. Die Heilerin, eine junge Frau Ende zwanzig, hat sich auf Rituale rund um den Zyklus und die Gebärmutter (engl. *womb)* spezialisiert. Sie bietet Yoni-Steaming und Womb-Massagen an.

Ich entschied mich für ein Yoni-Steaming, also ein Vaginal-Dampfbad. Durch die amerikanische Schauspielerin Gwyneth Paltrow, die auf ihrer Website *Goop* davon schwärmte, ist das Yoni-Steaming zu einem Trend geworden – jedoch nicht uneingeschränkt, denn Kritiker geben zu bedenken, das Yoni-Steaming könne zu Infekten führen und die Wirkung sei nicht medizinisch erwiesen.

Yoni-Steaming ist allerdings keine amerikanische Erfindung, sondern ein Ritual, das in vielen afrikanischen, asiatischen und südamerikanischen Kulturen bis heute praktiziert wird. Nun wird es auch für die US-amerikanische und europäische Welt wiederentdeckt. Auf Instagram findet man zum Beispiel Bilder von Frauen, die auf Eimern sitzen – und gleichzeitig eine Gesichts- und Haarmaske einwirken lassen. Yoni-Steaming als Teil der Beauty-Rituale – was bringt das?

Es soll insbesondere vor und nach der Periode wohltuend sein. Die Womb-Heilerin erklärte, dass Rosmarin die Nerven beruhigt und Thymian antibakteriell sowie krampflösend wirkt. Wermut fördere die Durchblutung. Sie hatte die Kräuter auf dem lokalen Markt gekauft oder selbst gepflückt. Ich fühlte mich schon wohl bei dem Gedanken, dass jemand so etwas für mich und meine Yoni tat. Während sie die Kräuter auf meinem Herd aufkochte, fragte sie mich über meine Regel aus. Ich erfuhr, dass es durchaus ein Zeichen von Anspannung sein kann (aber nicht muss), wenn ein Zyklus mehr oder viel weniger als achtundzwanzig Tage lang dauert. Ideal wäre, wenn sich der Zyklus sogar ganz natürlich den Mondphasen anpasse: bei Neumond menstruieren und bei Vollmond fruchtbar sein – oder umgekehrt. Man spricht auch von rotem und weißem Zyklus. Der rote Zyklus bedeutet menstruieren bei Vollmond. »Es geht darum, sich selbst und seine Menstruation in Balance zu bringen«, erklärte sie. Und es macht Sinn, denn schließlich ist es erwiesen, dass der Mond das Verhalten von Flüssigkeiten natürlich beeinflusst (etwa die Gezeiten).

Die Womb-Heilerin erzählte mir, dass sie während ihrer Monatsblutung alle Termine absagt und sich nur um sich selbst kümmert. Ich staunte, weil ich das noch nie komplett vier Tage lang gemacht hatte und weil sie es sagte, als sei dies selbstverständlich und jeder Frau zweifellos zugestanden. »Wir sollten in dieser Zeit nicht über unsere Grenzen gehen«, sagte sie. Es sei besser, sich nicht mit Tampons zu »verstopfen«, sondern lieber nur Binden oder einen Menstruations-Cup (ein wiederverwertbarer Becher aus Silikon, der eingeführt wird) zu verwenden, damit das Blut ungestört abfließen kann.

»Die Periode ist eine wichtige Zeit des Loslassens«, erklärte sie. »Dabei sollten wir unserem Körper und unserem Geist helfen.« Und mir wurde bewusster denn je: Die Natur hat uns Frauen bereits ein wunderbares monatliches Ritual geschenkt, das wir zur Kultivierung von Selbstliebe und als Kraft- und Inspirationsquelle nutzen können.

Unser Einführungsgespräch dauerte rund eine halbe Stunde. Die Womb-Heilerin schilderte mir das Ritual und klärte Risiken ab, denn bei Allergien gegen die Kräuter, einer Schwangerschaft oder der Neigung zu Infektionen dürfe man das Dampfbad keinesfalls machen.

Dann stellte sie den Eimer mit den eingekochten Kräutern auf die Terrasse. Meine Intention: Dieses Dampfbad sollte mich entstressen, reinigen und für eine bessere Durchblutung sorgen. Es duftete wie in einem Kräutergarten, ein bisschen nach einem herben Saunaaufguss. Der Dampf stieg zwischen zwei Holzbalken auf, die sie auf einen Eimer gelegt hatte. Ich ließ mich in einem langen Rock ohne Unterwäsche vorsichtig auf den Balken nieder und merkte, dass es sehr heiß dampfte. Nach einer Weile gewöhnte ich mich daran, ließ mich ganz nieder und stülpte meinen Rock über den Eimer. Es erinnerte mich an das Inhalieren bei einer Erkältung, wenn man sich ein Handtuch über den Kopf legt, damit die Wärme darunter geschützt bleibt – deshalb der lange Rock. Und natürlich auch als Sichtschutz, denn meine Nachbarn hätten theoretisch herüberschauen können. Doch ich wollte das Ritual draußen in der Natur machen, mit Blick auf den See und die Vulkanberge, wo ich zu der Zeit zu Hause war. Um mich herum schwirrten Kolibris und Insekten – und ich sah die Sonne zwischen den Bergen untergehen.

Die Womb-Heilerin hielt sich im Hintergrund und gab mir zwanzig Minuten Zeit, um nur mit mir selbst zu sein. Ich schaute in den Himmel, wo die Sonne unterging, und spürte die Dampfsauna deutlich unter mir. So konnte ich nicht lange in Gedanken versinken, sondern blieb mit meinem Gespür und der Aufmerksamkeit ganz dicht bei mir und meinem Unterleib. Zum ersten Mal seit Tagen kam ich zur Ruhe nach der weiten Anreise und dem Wechsel der Welten, den man bei Fernreisen immer erlebt. Zum ersten Mal fühlte ich mich hier angekommen und ließ alle Anspannung abfließen. Ich fühlte mich weich und warm. Auf eine Art geborgen und wertgeschätzt. Aus dem Nichts rollte mir eine Träne über die Wange. Ich war in dem Moment überwältigt von dem Gedanken, dass ich nicht immer nett genug zu mir selbst gewesen war und meinem Unterleib so wenig Aufmerksamkeit geschenkt hatte. Ich hatte immer das Gefühl, dafür keine Zeit zu haben. Aber es brauchte im Prinzip nicht sehr viel.

Nach rund zwanzig Minuten stand ich auf, und die Womb-Heilerin schöpfte einen Teil des Kräuterwassers in eine Schale wie einen Tee, damit ich mich damit später waschen oder ein Intimbad machen konnte, wenn ich wollte. Sie fragte mich, welche Gefühle bei mir hochgekommen seien und wie es mir ginge. Ich sagte, dass ich mich berührt fühlte und auch gereinigt. Während der Bedampfung hatte ich einen tiefen inneren Frieden und ein Vertrauen in das Leben und seinen natürlichen Fluss gespürt. Der Satz: »Es kommt schon alles, wie es kommen soll«, formte sich in mir. Sie lächelte und nickte – und empfahl mir, das Ritual regelmäßig zu machen, am besten an den Tagen vor dem Beginn der Regel oder danach – keinesfalls währenddessen. Dann ließ sie mich allein.

Ich legte mich auf mein Bett und atmete dorthin, wo meine Gebärmutter ist. Ich legte meine Hände auf den Unterbauch und spürte, dass die Blutungen bald einsetzen würden, aber das Ziehen fühlte sich leicht an, und ich hieß es willkommen.

Krämpfe blieben während der nächsten Tage komplett aus, das Blut war gleich rein und rot, es floss am nächsten Tag entschlossener und klarer als sonst aus mir heraus.

Die Womb-Heilerin empfahl mir, während meines Zyklus meinen Unterbauch immer warm zu halten und möglichst auch warm zu essen und zu trinken: nährende Suppen, Kräutertees oder warmen Haferbrei. Ich sollte dann möglichst keinen Sex haben und viel Zeit mit mir allein verbringen. Sie schlug mir auch vor, mir mein Blut genau anzusehen, vielleicht damit zu malen oder es als Opfergabe Mutter Erde darzureichen. Ich kenne auch Frauen, die einen Tropfen Menstruationsblut in Wasser verdünnt trinken und so Kontakt zu sich selbst aufnehmen.

Dieser Zyklus war mein erster während der Zeit des Social Distancing, das auch in Guatemala sehr bald nach meiner Ankunft angeordnet wurde, um die schnelle Ausbreitung von Covid-19 zu verhindern. Das Timing war im Grunde nicht schlecht, wenn ich nicht darüber nachdachte, wie sich die Welt veränderte und dass ich die meiste Zeit in meinem Hotelzimmer war. Das erste Mal in meinem Leben hatte ich tatsächlich die Chance, vier Tage nur für mich allein zu sein, ohne Termine oder andere Verpflichtungen. Ich musste nur für mich selbst sorgen: mich bekochen, mich warm halten, mich pflegen, mich ausruhen.

Ich fühlte mich sehr wohl dabei, wenn auch etwas einsam. Aber mir hatte mal jemand gesagt, dass man Einsamkeit nur mit Alleinsein kurieren kann – und so gab ich mich ganz dem hin, was mein Körper mir riet. Mal wollte er tanzen, mal einfach nur ruhen, mal singen, mal schreiben. Nach Phasen der Erschöpfung, in denen ich einfach nur auf dem Bett lag und an die Decke starrte, folgte eine Phase des Schaffens. Das gab mir Vertrauen, dass auch die Lebensphasen sich laufend ändern. Zum ersten Mal wurde mir bewusst, dass es so auch okay ist. Wenn ich meine Hand auf den Unterbauch legte und einfach nur atmete, das Blut sogar fließen spürte, fühlte ich mich lebendig und verbunden – obwohl ich ruhig und allein auf meinem Bett lag.

Die Welt draußen schien zu Beginn der Coronakrise außer Kontrolle zu geraten, doch mein Körper folgte unbeirrt seinem eigenen Zyklus, was mir eine tiefe Ruhe schenkte. Im Inneren lief alles wie immer. Das erste Mal in meinem Leben habe ich meinen Zyklus sehr bewusst durch- und erlebt und als Ritual wahrgenommen, das ich in Zukunft eher begrüßen als verdammen werde.

Die vier Tage kamen mir dabei nahezu vor wie die vier Jahreszeiten: Es startete mit dem Herbst und dem Gefühl, dass es mich eher nach innen als nach außen zieht. Ich spürte eine leichte Müdigkeit und den Wunsch, mich auszuruhen. Am zweiten Tag schlitterte ich in den Winter und wurde sehr emotional. Ich wollte mein Bett am liebsten gar nicht verlassen und weinte. Gleichzeitig verlor ich viel Blut. Mir war kalt, obwohl es draußen warm war. Ich rollte mich ein wie eine Schnecke in ihr Haus. In meinen Träumen und Gedanken kamen gelebte Erinnerungen hoch, die ich betrauerte oder derer ich melancholisch gedachte. Ich freute mich schon auf den Frühling und das Gefühl, dass der Nebel sich lichtet und es langsam leichter wurde. Ich ließ mich in einer Hängematte schaukeln und bekam wieder Lust, mich mehr zu bewegen. Ich ging an der frischen Luft spazieren und beobachtete die Natur.

Am vierten Tag durchströmten mich Frische, Lebenslust und Freude. Ich ging im See schwimmen, schrieb Gedichte und lernte neue Menschen kennen. Sich so zyklisch wie die Natur zu fühlen, gab mir nicht nur eine Art Urvertrauen zurück, sondern auch den Glauben an meine eigene Schöpferkraft. Ich sang, malte und schrieb in der Zeit viel, was so aus mir herauskam. Ich experimentierte mit dem Kochen und warf eine bunte Suppe mit Kräutern und Gemüse zusammen. Ich hatte das Gefühl, mein Leben zu tanzen, in fast jeder Tätigkeit. Nur meine inneren Stimmen lenkten mich ab: Ich muss jetzt auch mal meine E-Mails lesen; ich muss mal zusehen, wie ich wieder nach Hause komme. Ich kann doch nicht den ganzen Tag nur machen, was ich will. Oder doch?

Ich fühle mich heute sehr anders als das junge Mädchen, das gestresst und von Bauchkrämpfen geplagt zu verstecken versuchte, dass ihr das Natürlichste überhaupt passiert war: der Zyklus. Und ich fühle mich mit ihr verbundener als zuvor und flüstere ihr zu: Ich kann deine Verwirrung verstehen, und ich weiß, du hättest etwas anderes gebraucht. Ich will es uns nun nachträglich geben. Das Bluten bedeutet nicht nur Schmerz, sondern vor allem auch die Kraft, Leben zu erschaffen. Und zwar nicht nur in Form von Kindern, sondern auch aus dem Leben zu schöpfen und kreativ zu werden: Bilder malen, Musik komponieren, neue Ideen für das Miteinander anbringen – und dies dann wieder in den Kreislauf des Lebens einfließen zu lassen, indem man andere inspiriert.

Am letzten Tag meiner Regel legte ich in der Meditation die Hände auf meinen Unterbauch, und zum ersten Mal wurde mir in der Tiefe die Verbindung zu allen Frauen bewusst, die jemals gelebt haben, die leben und noch leben werden. Dieses innerliche Ritual der monatlichen Blutung verbindet uns alle. Und ich hatte das Gefühl, in jeder Zelle meines Körpers zu spüren, wie durch mich und mein Blut die Schöpferkraft, die Weisheit und das Leid aller Frauen floss. Es fühlte sich wie eine tiefe Erinnerung an, weniger wie eine neue Erkenntnis. Und ich konnte es so akzeptieren. Denn alles gehörte zusammen, und es so wahrzunehmen, so bewusst zu leben, heilte etwas in mir. Und wenn es so ist, dass wir alle verbunden sind, dann muss es auch etwas bei allen Frauen dieser Welt heilen, oder nicht?

Ich fühlte mich ermächtigt, und es gab mir ein gutes Gefühl, dass ich für meine Stärke und mein Recht keine Bestätigung von außen brauche, ich mich frei von Umständen und Regeln machen kann. Und es schien mir plötzlich kein Paradox mehr, dass ich mich in der Phase meines Lebens, in der ich mich real durch Quarantäne und Ausgangssperre nicht frei bewegen konnte, so frei wie nie zuvor gefühlt hatte. Dank der Periode, die mir sonst überwiegend lästig war.

Der Zyklus und das Ritual endeten nicht nach der letzten Blutung, denn der Kreislauf geht immer weiter, und ich gewöhnte es mir an, jeden Tag in mich und in meinen Unterleib hineinzuspüren – und gleichzeitig auch in meine Energie, die etwa durch die Außenwirkung erlebbar wird. Ich weiß mittlerweile ganz genau, wann ich meinen Eisprung habe, denn da habe ich die meiste Energie und den höchsten Bewegungsdrang im Monat – und die größte Lust auf das Leben und Sex. Ich bin dann gern draußen unter Menschen und erlebe Neues. Ich bin extrovertierter. In der Zeit schauen mich Männer anders an, und ich habe das Gefühl, ich bekomme alles hin, was ich mir in der Phase der letzten Regel bis hierhin vorgenommen habe. Danach sinkt die Energie wieder Stück für Stück ein wenig ab, ich werde nachdenklicher und reflektiere mehr – bis die Blutungen beginnen.

In den beiden Tagen davor brauche ich mehr Zeit für mich, um meine Gefühle auszubalancieren. Das ist kein Wunder, denn wir Frauen werden in einer Art Miniform mit dem Tod konfrontiert. In uns geht ein Zyklus zu Ende, und die unbefruchtete Eizelle stirbt ab. Während der Zeit der Blutung brauchen wir viel Zeit für uns – in unserer modernen Welt oft ein Paradox. Und ich lernte jeden Monat aufs Neue, dass dieser Phase auch wieder ein Hoch folgt, so sicher wie die Mondphasen. Ich bin in meinem Mond.

Frauen fragen mich manchmal, wie sie trotz ihrer Periode »funktionieren« können, ob es dazu eine Meditation oder ein Ritual gibt. Meine Antwort lautet mittlerweile, dass sie ihrer inneren Stimme und ihrem Rhythmus folgen sollen. Es gibt auch Frauen, die während ihres Zyklus besonders gern Sport machen und nicht so wie ich eher den Rückzug lieben. Dann sollte man genau dem folgen. Denn wenn sie dagegen ankämpfen und, anstatt voller Hingabe weich und fließend zu werden, in den Widerstand gehen, dann verschlimmern sich Krämpfe und negative Stimmungen eher.

Wenn ich nicht gegen meinen Körper kämpfe, sondern seine Bedürfnisse akzeptiere und anderen auch offen kommuniziere, was ich brauche, dann komme ich auch flüssiger durch die Zeit und sogar gestärkt wieder heraus und erledige danach das, was zu tun war, doppelt so schnell. Ich verdamme »meine Hormone« nicht mehr oder entschuldige mich für Verstimmungen. Ich begrüße sogar die höhere Sensibilität und die Erinnerung, dass es Zeit ist, sich mal auszuruhen. Das Leben kann anstrengend genug sein. Und gerade als Frau muss ich oft viel stemmen. Ich habe das Gefühl, die Erwartungen, die an uns gestellt werden und die wir uns selbst auferlegen, sind oft sehr hoch und die Unsicherheiten groß: Wer kann und wer darf ich in dieser Welt sein? Nur wenn ich zu mir einen guten Kontakt habe, hören die Zweifel und Fragen auf. Während meiner Regel ist meine Intuition sogar schärfer.

Nach meinem Erlebnis in Guatemala rief ich meine Freundinnen an und teilte meine Erfahrungen mit ihnen. Und sie konnten mir sofort folgen. Das erinnerte mich daran, dass sich Frauen zu anderen Zeiten während ihrer Periode zurückzogen, um unter sich zu sein. Und ich hatte zuvor eine Art Revival dazu beobachtet: »The Red Tent« (angelehnt an den gleichnamigen Bestseller von Anita Diamant, in dem sich Frauen während ihrer Periode gemeinsam zurückzogen und ein Raum für Austausch entstand) ist eine Bewegung, die unter anderem dazu führte, dass auf Festivals sogenannte Menstruationszelte aufgebaut werden, um dem weiblichen Zyklus das Stigma zu nehmen und ihn zu feiern. In den Zelten gibt es Workshops und die Möglichkeit, sich mit anderen Frauen offen über die Periode auszutauschen und kleinere Rituale zu begehen. Gemeinsam zu lachen, zu weinen, zu tanzen und zu singen.

Was Frauen eint und empowered

Rituale haben Frauen schon immer verbunden – und sie auch lebendig und auf ihre Art »empowered« gehalten. Schon historische Bilder, auf denen Frauen zum Weben, Demonstrieren und Feiern zusammenkommen oder sich zum Kaffeeklatsch treffen, zeigen, dass dies immer schon soziale Rituale gewesen sind, um sich auszutauschen und in Kontakt zu bleiben. Ich muss wohl kaum erklären, dass das Leben für Frauen in der Vergangenheit und auch heute oftmals noch mit mehr Schwierigkeiten und Einschränkungen verbunden ist als für Männer. So etwas wie die Routinen des Haushalts unter Kontrolle zu haben, war (und ist) für Frauen oft die einzige Möglichkeit, Halt zu finden.

Heute stehen Frauen in westlichen Kulturen natürlich mehr Möglichkeiten und Freiheiten offen – doch ist es an uns, diese Strukturen aufzubauen, lebendig zu halten und zu nutzen. Wir sollten uns den Zugang zur eigenen Kraft erlauben und Unsicherheiten, Ängste, Scham und den Mechanismus, sich kleinzumachen, gemeinsam auflösen.

Ich möchte an dieser Stelle einen kleinen Exkurs einbauen, der zeigt, dass ein positives Körpergefühl sowie Schamfreiheit zu Empowerment führen kann. Allein, dass das weibliche Geschlecht oft noch »Scham« genannt wird, zeigt, dass der offene Umgang hiermit oft noch schambesetzt ist. Dabei ist es so, dass in unserem Zyklus, in unserem Orgasmus, in Geburten und der Menopause viele Kräfte und Geheimnisse zu finden sind – und nicht, wie uns oft eingeredet wurde, nur Schmerz oder Scham.

Dankenswerterweise ändern sich die Sichtweisen und Erfahrungen, und einige Bücher und Artikel widmen sich dem Thema (etwa *Vulva. Die Enthüllung des unsichtbaren Geschlechts* von Mithu M. Sanyal[22]). Es gab Kulturen, die keinen bestimmten Gott oder eine Göttin in Ritualen verehrten, sondern allein das weibliche Geschlecht. In Ägypten und Griechenland war das Anheben des Rocks Teil ritueller Feierlichkeiten: Der Anblick des weiblichen Geschlechts sollte das Böse abwenden.[23]

In verschiedenen Kulturen und Epochen war es überdies ein verankertes Protestritual, das weibliche Geschlecht zu zeigen. »Raising your skirt« wird dies auch genannt und ist ein Ritual, mit dem Frauen ihre Macht auf eine sehr verletzliche Weise demonstrierten und dies immer noch tun.

Alte und moderne Geschichten erzählen, wie Frauen die Geste des Anhebens des Rocks aus Protest und als militärische Taktik einsetzten: In der gälischen und griechischen Mythologie hoben Frauengruppen ihre Röcke, um den irischen Sonnengott Cúchulain beziehungsweise den griechischen Helden Bellerophon zu besiegen. Und im China des 19. Jahrhunderts stand eine Reihe älterer Frauen oben auf der Stadtmauer und legte ihre Genitalien frei, um Feinde abzuschrecken.[24] All diese Frauen wollten mit einer »vulvalen« Stimme einen Störmoment generieren, der Raum zum Nachdenken schaffte.

Wenn Frauen sich zusammenschließen, kann eine wundervolle Kraft entstehen. Ich lernte die Womb-Heilerin übrigens bei einem Event nur für Frauen kennen, einem angeleiteten »Women's Circle« in Guatemala. Zwei Stunden nahm ich mir mit zehn anderen Frauen Zeit, gemeinsam zu singen, zu meditieren und mich auszutauschen – so ähnlich wie an einem Rückzugsort während des Zyklus. Nur, dass es für uns alle ein »normaler« Nachmittag war. Das Thema des Kreises war »Vertrauen«, und jede Frau erzählte, wie das Thema sie gerade bewegte.

Seitdem ich vor einigen Jahren Zeit auf Bali verbracht hatte, kannte ich »Women's Circle« und Frauennetzwerke, die mir schon oft Halt und Unterstützung gegeben haben. Die meisten meiner Jobs habe ich durch Empfehlungen von Frauen erhalten.

Ich selbst lade regelmäßig Frauen in meine Wohnung ein, um mit ihnen Orakelkarten zu legen, an meinem Kamin eine Tasse Kakao zu trinken und unsere Herzen auszuschütten – ohne die andere zu beraten. Frauenkreise sind wieder auf eine zeitgemäße Art in Mode – auch in meiner Wahlheimat Hamburg. Sie haben mehr zu bieten als ein heiterer Kaffeeklatsch, denn es geht darum, was einen wirklich tief im Inneren bewegt. Selbst mit engen Freundinnen habe ich erst in diesem bewussten Rahmen angefangen, über andere Themen offener zu sprechen: Kinderwunsch, Verluste, sexuelle Vorlieben und Enttäuschungen. Streng genommen dürfen die anderen bei so einem Women's Circle keine Kommentare und Ratschläge (auch keine gut gemeinten) geben, weil diese aus dem eigenen Erleben kommen und verwirren können. Aber im privaten Kreis lösen meine Freundinnen und ich das immer ein wenig auf. Allerdings achten wir darauf, die andere nicht zu bewerten – und in jedem Fall zu bestärken. Man kann immer vorher fragen, ob Meinungen und Ratschläge erwünscht sind.

Daniela Batista dos Santos[25], eine Hamburger Bekannte von mir, hat die Frauenkreise vor mehreren Jahren in Bali entdeckt und schon früh deren Kraft erlebt. Sie erzählte mir bei einem Treffen, dass sie sich damals wie magisch angezogen fühlte. Es sei das fehlende Puzzleteil in ihrem Leben gewesen. »Es passiert energetisch viel in den Runden. Frauen können frei reden und bekommen eine Bühne. Sie werden gehört«, berichtete sie mir – nachdem sie nun seit Jahren regelmäßig ihren selbst gestalteten »The Circle of Wonderwomen« nur für Frauen in ganz Deutschland anbietet.

Sie startete in ihrer Hamburger Einzimmerwohnung, mittlerweile finden ihre Veranstaltungen für Frauen jeden Alters in inspirierenden Locations statt und sind immer schnell ausgebucht. »Bei den Workshops geht es darum, sich selbst ein bisschen näherzukommen und endlich loszugehen, um das im Leben zu tun, was man wirklich will. Egal, ob dies am Ende bedeutet, dass du dein eigenes Business aufmachst, irgendwo am anderen Ende der Welt in einer Hütte im Dschungel lebst oder einfach nur mehr Leichtigkeit in dein Leben bringen möchtest«, erzählte sie mir. Was Frauen bewegt, sei dabei nicht so unterschiedlich: »Im Kern haben wir Frauen ähnliche Themen: Angst vor Veränderung – aber neunzig Prozent wissen gar nicht, was ihre Ängste genau sind.«

Durch authentischen Austausch, kleine Meditationen oder Übungen können die Teilnehmerinnen den Zugang zu sich selbst öffnen, vom Kopf ins Herz rutschen. »Das Mangeldenken soll vermieden werden. Der Fokus liegt bei den Circles nicht wie in der Therapie oder einer Selbsthilfegruppe auf Krankheit oder fehlenden Aspekten, sondern auf dem Positiven.

Außerdem stellen die Frauen fest: Ich bin nicht allein und viel normaler, als ich dachte. Daraus entstehen Fülle, Inspiration und Empowerment.« Es geht darum, zuzuhören und daraus zu lernen – und dann authentisch und ohne Selbstzensur zu sprechen und gehört zu werden.»Und das ist besonders wirksam, wenn es jenseits des gewohnten Umfelds passiert, das nicht objektiv ist. Dein Partner würde dir nicht wirklich zur Weltreise raten, weil er Angst hätte, dich zu verlieren.«

Daniela erzählte, dass sich Frauen anders öffnen, wenn sie unter sich sind. »Wenn Männer dabei sind, machen sie sich kleiner. Viele Frauen haben Angst davor, sie selbst zu sein, weil sie befürchten, ausgegrenzt zu werden.« Viele der Frauen finden in so einem geschützten Raum die Kraft für Veränderung und nehmen wichtige Impulse mit. »Magic can happen. Und vieles wirkt leichter als gedacht, wenn neben einem selbst auch noch eine ganze Gruppe Frauen an einen glaubt.« Ihre Erzählungen erinnerten mich an meine Erfahrungen, die ich während des Cacao-Rituals erlebe – nur, dass dort Männer und Frauen zusammenkommen, was einfach einen anderen Raum schafft, der nicht besser oder schlechter ist.

Raum für eine neue Männlichkeit

Gleichzeitig gibt es auch einige Gruppen, die in einer ähnlichen Form Raum für Männlichkeit und Mannsein in allen Facetten eines authentischen Selbst geben. Natürlich brauchen auch Jungen eine Übergangszeit zum Jugendlichen und dann zum erwachsenen Mann. Und manche Männer suchen derzeit auch einen bewussteren Austausch, der jenseits der Gespräche bei einem Bier nach Feierabend reicht.

Es gibt zum Beispiel modern angepasste Rituale, die den bewussten Abschied von der Mutter in einem Rollenspiel simulieren, um dann als Mann eine potenzielle Partnerin als wichtigste Frau im Leben zu akzeptieren. In manchen Kulturen gibt es bis dato sehr fordernde »Männlichkeits«-Rituale. Sie erscheinen oft wie eine Mutprobe mit Schmerzen und Isolation, wo Männer auf extreme Art an ihre körperlichen Grenzen gebracht werden (etwa durch Überlebenstrainings oder Duelle).

Grundsätzlich tragen wir alle sowohl weibliche als auch männliche Anteile in uns – und es geht immer darum, diese in Balance zu bringen und unseren Geist und unsere Energie genauso wie unseren Körper zu harmonisieren. Wir stecken alle in demselben Prozess, aber es kann sinnvoll und hilfreich sein, sich erst einmal im eigenen Geschlecht zu finden.

Der Pädagoge Terje Lange aus Stuttgart leitet Männerrituale für die Organisation »ManKind Project« und hat selbst einige durchlaufen. Das Kernritual des Vereins ist eine Heldenreise nach dem bekannten Zyklus, der Erzählgrundlage unzähliger Geschichten und Filme ist: Ein Held bricht auf, weil er in eine Krise gerät, und findet nach einigen Prüfungen zu einer neuen Erkenntnis. Das Ritual geht über mehrere Tage und wird nur im Kreis von Männern durchgeführt. Frauen haben keinen Zugang und dürfen auch nicht zusehen. Ziel ist es, die eigene Männlichkeit zu entdecken und zu schauen, wie man an welchem Punkt im Leben steht.

Der genaue Ablauf des Rituals »New Warrior Training Adventure« ist geheim. Ich fragte Terje, warum. »Es ist nicht so, dass wir während der Heldenreise etwas Verbotenes machen. Es geht eher darum, dass kein Erwartungsdruck entsteht und die Männer einen unbekannten Raum betreten und sich nicht vorbereiten.« Er berichtete, dass die Teilnehmer in der Regel entweder aus einer Krise kommen und diese bewältigen wollen oder nach einem tieferen Sinn suchen und sich selbst in ihrem Mannsein kennenlernen und optimieren wollen. »Während des Rituals können die Männer neue Energien und Kraftquellen in sich verankern und damit Veränderung in ihrem Alltag bewirken. Und letztlich können sie sich selbst in ihrem Mannsein bewusster werden und dies authentischer leben.«

Terje erzählte, dass es heutzutage im Prinzip wenige Orte gibt, an denen Männer an der Schwelle zum Erwachsensein eine Initiation erleben können. Die Firmung oder Konfirmation sei ein Ritual in unserer Gesellschaft, das nicht mehr ausreiche und oft nur mitgemacht werde, um dazuzugehören. So werden Männer oft in ihrem Freundeskreis, im Arbeitsumfeld oder bei Massenritualen wie dem Fußball sozialisiert. »Zu einem Fußballspiel zu gehen hat etwas von gemeinsam in die Schlacht zu ziehen, und im Arbeitsumfeld können Männer sich messen.« Das Duellieren und Messen von Kräften sei in Männern angelegt, aber finde in unserer Gesellschaft nicht immer einen angemessenen Platz. »Das Kriegerische und Wilde tragen wir aber immer noch in uns. Über die Verbindung zur Natur und der Lust, die eigenen Gefühle zu spüren, können wir dies mehr leben.« So könnten Angst und Wut tolle Energien sein, wenn sie nicht unterdrückt werden, sondern gespürt: »Wut kann dabei helfen, über sich hinauszuwachsen.«

Ich sprach mit Terje darüber, dass es gesellschaftlich akzeptierter ist, wenn Frauen ihre Gefühle zeigen. Wie geht es Männern damit? Terje antwortete mir: »Männer, die weinen, gelten als schwach. Und Männer, die ihre Wut ausagieren, gelten als bedrohlich. Dabei geht es auch mal darum, seine Wut ungehemmt rauszubrüllen. Ich habe dabei erlebt, dass unter meiner Wut eigentlich meine Traurigkeit steckt.«

Terje erzählte auch, dass es nach dem Ritual die Möglichkeit gibt, an Integrationsgesprächsgruppen teilzunehmen, um über das Erlebte zu sprechen. Diese folgen einem festen rituellen Ablauf. »Am Anfang wird jeder Teilnehmer mit Salbei geräuchert, und er wird gefragt, was er mitbringt und mit welchen beiden Gefühlen er gekommen ist.« Etwa sechs bis zehn Männer nehmen an diesen Gruppen teil, und es entstehe eine enorme Wirkung im Kreis. »Aus dem Vertrauen und der Sicherheit entwickelt sich der Mut, sich wirklich zu zeigen.«

Ich sprach mit Terje auch offen über seinen eigenen Weg – und war beeindruckt über seine Errungenschaften. Auf seiner Reise zu sich selbst hat Terje in den geschlechtshomogenen und gleichzeitig freien Räumen einen Spiegel gefunden, mehr Gelassenheit in sein Leben integriert und die innere Scham überwunden. Zu seiner Männlichkeit gehört, siebzig Prozent heterosexuell und dreißig Prozent homosexuell zu sein. »Mich selbst zu akzeptieren hat dazu geführt, dass ich weniger Druck und mehr innere Unruhe spüre.«

Meine Hoffnung ist: Wenn Menschen zunächst unter Gleichgesinnten selbst Räume in Form von Ritualen schaffen, in denen sie vertrauensvoll wachsen und regelmäßig zusammenkommen, können daraus auch wieder zeitgemäßere Beziehungen entstehen, in denen die teilweise veralteten

Modelle der Geschlechterrollen sich transformieren und pluralistischer werden. Dabei geht es nicht darum, dass Männer werden wie Frauen, um sie besser zu verstehen, und umgekehrt. Es geht um eine authentische Begegnung auf Augenhöhe. Wertfreie Räume und ein bewusster Austausch mit Gleichgesinnten ist einer der Schritte dorthin.

Was ich gelernt habe

- Wenn ich meinen eigenen Zyklus (be-)achte, bekomme ich Kraft und Vertrauen ins Leben. Ich erhalte Zugang zu meiner Intuition und kann damit mehr in meinem Rhythmus leben und mich authentischer entfalten.
- Gemeinsam sind wir stärker: Wir sind nicht allein und können an die Weisheit der Natur, der Vorfahren und Gleichgesinnter andocken.
- Kleine Mutproben stärken uns für Krisensituationen.
- Wenn wir als Frauen und Männer authentisch und mit uns selbst verbunden leben, kann eine ganz neue gemeinsame Basis entstehen.

Ein Ritual, das ich empfehle

Das Freundschaftsritual

Lade deine Freundinnen und Freunde zu einem Ritual ein, das ihr zusammen gestaltet. Jeder kann etwas zum Dekorieren des Raums oder zu essen mitbringen und etwas, das ihm oder ihr wichtig ist (ein Foto, ein Schmuckstück).

Setzt euch gemeinsam in einen Kreis auf den Boden und füllt die Mitte mit euren mitgebrachten Gegenständen. Ihr könnt zum Beispiel auch Orakelkarten auslegen, und wer mag, kann eine Karte ziehen und erzählen, was diese in ihm oder ihr auslöst. Jeder bekommt Gesprächszeit und darf in dieser Zeit erzählen, was sie oder ihn wirklich bewegt. Das Gesagte bleibt unkommentiert und wird nicht bewertet; es bleibt in diesem Kreis. Ratschläge sind nicht erlaubt – es sei denn, die Frau oder der Mann fragt danach. Zum Abschluss könnt ihr singen oder meditieren oder ein Dankesgebet sprechen, um den Kreis zu schließen.

9

Liebe finden: die Magie der Liebesrituale

Meine Erfahrung zeigt mir, dass es bei vielen Wünschen und Intentionen während eines Rituals neben der Gesundheit um zwei weitere Themen geht: Liebe und Geld. Es gibt hierbei eine Parallele, auch wenn Liebe und Geld vordergründig nichts miteinander zu tun haben. Bei beiden geht es um den (Selbst-) Wert.

In diesem Kapitel werde ich mich auf das Thema Liebe und Beziehungen fokussieren, doch folgende Frage sollte nicht ungeklärt bleiben: Kann ich Geld in einem Ritual beschwören und magisch anziehen?

Das liebe Geld

Ein Coach hat mir mal geraten, immer einen 500-Euro-Schein in der Tasche zu tragen und mich so zu kleiden, als sei ich reich. Seine Philosophie: Geld zieht Geld an. Ich habe es nie gemacht, weil ich Angst hatte, dass ich die 500 Euro verliere, und weil ich die meiste teure Kleidung nicht mag. Aber mir leuchtet ein: Geld ist eine Form von Energie, und ich denke, dass man sie lenken kann.

In New Orleans findet man sicher einen Voodoo-Praktizierenden, der für einen etwas zaubert. Doch ich habe mir vorgenommen, rituell niemals jemand anderen etwas für mich übernehmen zu lassen. Und ich habe auch noch nie gehört, dass so etwas klappt. Ich will alles selbst machen und die komplette Verantwortung für mich und meine Energie übernehmen – so gerät es wenigstens nicht außer Kontrolle, und ich gebe nicht abergläubisch die Macht an jemand anderen ab.

Ich habe festgestellt, dass es nicht fließt, wenn ich versuche, Geld akribisch zu horten. Wenn ich großzügig und wertschätzend (nicht verschwenderisch) bin, dann fließt es auf fast magische Weise zu mir zurück.

In dem Buch mit dem provokanten Titel *Get Rich, Lucky Bitch!* werden ein paar Rituale für die Vermehrung von Geld beschrieben.[26] Eins davon habe ich für mich übernommen, bei dem es darum geht, eine positive Grundeinstellung einzunehmen: Ich liste für jeden Monat in einer Excel-Tabelle auf, wie viel Geld ich einnehmen möchte, und notiere dann jeden Cent, der zu mir kommt – was ich auf der Straße finde, was ich verdiene. Und auch, welche anderen Werte ich erhalte: Lädt mich zum Beispiel eine Freundin zu einem Kaffee bei sich zu Hause ein, dann notiere ich den geschätzten Wert für so eine wunderbare Auszeit. Gleichzeitig freue ich mich, wenn ich mein Geld spenden oder jemanden einladen kann.

Meine Überweisungen an das Finanzamt notiere ich auch und denke: Danke! Denn wenn ich Geld nachzahlen muss, bedeutet es auch, dass ich in meiner Solo-Selbstständigkeit gewachsen bin. Verfluche ich die Zahlungsforderungen, schade ich meinem Business, weil mein System denkt: Oje, wenn ich viel verdiene, muss ich auch viel ans Finanzamt abgeben. Das staut Energie.

Seitdem ich eine positive und wertschätzende Grundhaltung gegenüber Geld entwickelt habe, es geradezu genieße, mich auf den Zugewinn zu fokussieren, und dies als tägliches Ritual kultiviert habe, fühle ich keinen Mangel – selbst, wenn ich in einem Monat nicht so viel wie erwartet einnehmen sollte. Ich fühle mich reich. Es bringt nichts, für den Lottogewinn zu beten. Denn wer ihn einfach so als Geschenk des Himmels bekommt, wird nicht automatisch glücklich.

Ich bin der festen Überzeugung, dass einem guten Selbstwertgefühl und Zufriedenheit mit den unbezahlbaren Dingen echter Wohlstand folgen kann. Man kann es erst genießen, wenn man sich im Inneren wirklich reich fühlt. Und so in etwa verhält es sich meiner Meinung nach auch mit wahrer Liebe und ihren magischen Momenten. Der Selbstwert verbindet die beiden Themen miteinander. Bevor man Mr oder Mrs Right in sein Leben zieht, ist es wichtig, keinen Mangel zu spüren oder den Anspruch, der Partner müsse den leeren Topf der Liebe in einem ständig auffüllen, dazu noch Wunden aus der Kindheit heilen und alle Bedürfnisse stillen.

Das kann kein Mensch allein. Aber Liebe kann sich vermehren, wenn man sie teilt. Dazu gehören mehrere bedingungslose Beziehungen und vor allem eine ausgewogene Beziehung zu sich selbst. Und natürlich: Rituale für Selbstliebe; Rituale, um die Liebe zu feiern; lustvolle Körperrituale und Beziehungsrituale.

Liebe leben und anziehen

Auf der ganzen Welt gibt es die unterschiedlichsten Liebesrituale, -bräuche und -feste. Die kleinsten und alltäglichsten Liebesrituale sind der Kuss oder die Geste des Blumenschenkens; das bekannteste Ritual ist eine Hochzeitszeremonie, die überall mit verschiedenen Bräuchen zelebriert wird. In vielen Ländern wird mittlerweile auch der Valentinstag gefeiert, den aber viele Menschen genauso ablehnen wie den Muttertag, weil ihnen die Ausrichtung zu kommerziell ist. Die Geschäfte sind voller Schokoladenverpackungen mit Herzchen, und Blumensträuße kosten mehr. Ein beliebtes Argument dagegen ist auch: Sollte nicht jeder Tag Valentinstag sein? Weshalb braucht es dafür einen Feiertag?

Bei den Liebesritualen und -bräuchen tummeln sich so einige Kuriositäten: In Niederösterreich soll es Brauch gewesen sein, dass eine unverheiratete Frau beim sogenannten Apfelschnitztanz ein Apfelstück in der Achselhöhle trug – und es danach einem Mann schenkte, damit er an Geruch und Geschmack erkennen konnte, ob er die Frau mögen könnte. Bei den Aba Gusii in Kenia wird ein Brautpaar vor der Hochzeit drei Tage lang von Freunden und Verwandten beschimpft und beleidigt – wenn sie die Attacken auf ihre Liebe bestehen, können sie ungestört heiraten. Ich selbst habe an einer christlichen Single-Wallfahrt nach Padua teilgenommen, bei der ich beim Heiligen Antonius um einen wunderbaren Partner bat, wie schon so viele Singles vor mir.

Betrachten wir die Moderne: Viele Paare haben Rituale, die nur sie selbst verstehen und kennen. Vielleicht bringt der Partner jeden Morgen den Kaffee ans Bett. Oder das Paar schaut die gemeinsame Lieblingsserie, wenn die Kinder im Bett sind. Oder es geht einmal im Monat zu einem Date-Abend ins Lieblingsrestaurant.

Eine andere Möglichkeit ist ein wöchentliches Kommunikations-Paarritual: Es sollte möglichst zur selben Zeit, am selben Ort und nach demselben Ablauf stattfinden und ist gewissermaßen ein Raum, in dem sich das Paar ungestört begegnen kann und erzählt, wie es sich gerade in und mit der Beziehung fühlt. Das Ritual kann mit einem Kuss starten und enden und ist letztlich ein Mini-Gesprächskreis, in dem jeder eine Rede- und Zuhörzeit hat. Zuerst erzählt die Frau oder der Mann, was in ihr oder ihm vorgeht, was er gerade an seinem Gegenüber schätzt, und der andere darf dies nicht kommentieren, sondern sollte einfach nur wiederholen, was er oder sie gehört hat. Dann spricht die Person weiter und benennt Situationen und Gefühle, äußert Wünsche und Bedürfnisse.

Dies sollte natürlich nach den Regeln der gewaltfreien Kommunikation stattfinden, also ohne Beschuldigungen und immer aus der eigenen Perspektive gesprochen (»Ich denke, fühle, meine« etc.). Der Partner spiegelt das Gehörte wider, und dann darf er oder sie zu dem Gesagten Stellung beziehen, aber ohne sich zu verteidigen oder zu rechtfertigen. Danach wird gewechselt. Und am Ende folgt ein Austausch von wertschätzenden Worten für den Partner.

Das Ritual kann jedes Paar natürlich individuell gestalten. Vielleicht folgt danach ein Abend mit gemeinsamem Kochen oder ein Besuch in einem Restaurant. Im Grunde geht es nur darum, ein Ventil zu schaffen, damit sich kein Ärger anstaut und man nicht vergisst, dem anderen auch Positives zu sagen und dankbar dafür zu sein, dass da jemand bei einem ist. Es geht um die Erinnerung und Wertschätzung, dass man zusammen durchs Leben geht. Was auch schön ist: Sich einfach für ein paar Minuten nur in die Augen schauen. Es kann sehr fordernd und konfrontierend sein, denn so schaut man tief in den anderen hinein oder erkennt sich selbst. Diese Übung empfehle ich oft bei meinen Coachings und habe auch schon private Cacao-Rituale für Paare gemacht, die in diesem Ritualrahmen wieder neu und authentisch zusammengefunden haben.

Charlotte Roche erzählte in einem Interview[27], dass sie und ihr Mann ein ähnliches Beziehungsritual in Form eines Zwiegesprächs haben: Sie setzen sich einmal in der Woche zu einer festen Zeit für eine Stunde Rücken an Rücken, und jeder hat Zeit, einfach alles rauszulassen, was ihn bewegt.

»Wir sprechen sonst nicht mehr viel, weil einem Alltag, Hund, Kinder immer dazwischenkommen. Bei diesem wöchentlichen Date *müssen* wir reden. Über Ängste, Träume ... Einem Partner, der sich sonst nicht oft traut zu reden, wird dadurch Raum gegeben«, erklärte Charlotte Roche. »Dadurch lernt man, sich mehr zu respektieren und zu lieben. Das ist

Hilfe zur Selbsthilfe!« Ihr gemeinsamer Beziehungs-Podcast *Paardiologie* zeigt, dass die beiden eine sehr intime und offene Ebene miteinander haben, sich alles zu sagen. Und ich denke, diese bewusste Offenheit macht die Qualität von Beziehungen (in allen Bereichen) aus – auch wenn es nicht immer einfach ist, sich dem zu stellen oder zu öffnen.

Von Singlefrauen werde ich hingegen oft gefragt, wie sie Sinnlichkeit und Liebe für sich leben können und ob es Rituale gibt, die einen unterstützen, den passenden Mann ins Leben zu ziehen. Mir fällt dazu sehr viel ein: Fast alles, was man zu zweit als Ritual macht, kann ich auch allein genießen. Filme spielen uns nur eine andere Vorstellung vor: Da sieht man nie eine Frau oder einen Mann, die romantisch mit sich selbst spazieren gehen. Selbst das oben beschriebene Paarritual kann man auch mit Freunden, Familie oder sich selbst praktizieren.

Wer allein ist, kann zum Beispiel in sein Tagebuch schreiben, wie es einem gerade als Single geht: was ich genieße, schätze und auskoste – und was mir fehlt. Dies kann man einem Freund oder einer Freundin vorlesen. Vielleicht entstehen dabei sogar Ideen, wie die unbefriedigten Bedürfnisse auch anders gestillt werden könnten.

Wer aber den Wunsch nach einer Partnerschaft hat, sollte ihm mutig folgen. Eine Freundin empfahl mir schließlich das Ritual »Liebe anlocken«, das sie selbst ausprobiert hatte. Die genaue Anleitung, die Heather Askinosie und Timmi Jandro um ein traditionelles Mantra entwickelt haben, ist sehr präzise und ausführlich.[28] Das Ritual an sich soll vierzig Tage dauern, und die Vorbereitung beansprucht drei Tage.

Vierzig ist eine wichtige Symbolzahl, u. a. bei Prüfungen und

Initiationen. Viele der antiken Tempel hatten vierzig Säulen. Vierzig Tage oder Jahre ist auch eine Zeitspanne, die in der Bibel besonders oft vorkommt. Die christliche Fastenzeit dauert vierzig Tage, und vierzig Jahre waren zu biblischen Zeiten eine Generation. Vier ist die Zahl für Ganzheit und einen Zyklus, etwa die vier Himmelsrichtungen oder vier Jahreszeiten. Verzehnfacht bedeutet die Zahl Vollkommenheit. Eine Schwangerschaft dauert in der Regel auch vierzig Wochen.

Im Nachhinein betrachtet hat der Beginn des Rituals tatsächlich den größten Aufwand bereitet. Aber dies erinnerte mich erneut daran, wie sorgfältig Rituale vorbereitet werden sollten und dass sie länger als ein paar Stunden dauern können. Diese Zeit verlangte von mir volle Hingabe, aber ich bat auch nicht um wenig: Es ging um einen Lebenspartner. Das Ritual sollte zu Neumond starten, denn diese Mondphase ist am besten dafür geeignet, Neues ins Leben zu holen.

Die Vorbereitung begann mit einer Inventur: Ich musste alle Fotos und Erinnerungen, die ich jemals von Partnern erhalten hatte, aussortieren. Ich sollte klar Schiff machen. Meine ganze Wohnung putzen und vor allem das Schlafzimmer reinigen. Dabei ging es nicht nur darum, alten Staub aufzuwirbeln, sondern Dinge loszuwerden: Fotos, geschenkten Schmuck oder Kleidung, die an ehemalige Beziehungen erinnerten. Auch mein Marilyn-Monroe-Bild über dem Bett musste weichen, denn sie sah darauf einsam aus, und Marilyn ist auch nicht für ihr andauerndes Liebesglück bekannt.

Der Grundputz ging weiter: Ich sollte die Bettlaken wechseln, die Fenster reinigen und alles entstauben. Ich wischte laut Anleitung alle Türen mit Essig und Zitrone ab. Danach ging ich mit einem kleinen Strauß Salbei, den ich anzündete, durch alle Räume, um sie zu räuchern und von negativen Energien zu reinigen. Dabei lief ich gegen den Uhrzeigersinn durch alle Räume und lüftete am Ende. Anschließend schritt ich mit einem brennenden Palo-Santo-Hölzchen im Uhrzeigersinn durch alle Räume, um gute Energien einzuladen. Startpunkt war immer die Haustür. Dieses Räucherritual ist übrigens ein Teil meines wöchentlichen Wohnungsputzes geworden.

Am zweiten Tag der Vorbereitung reinigte ich mich selbst, indem ich in ein Bad mit Salz, Backpulver, Kaffee und Essig stieg. Während ich da so in der braunen, sauer riechenden Detox-Plörre hockte, kam ich mir vor, als würde ich in meinem eigenen Mist sitzen. Und tatsächlich war das auch die Idee: Männer-Detox. Ich ließ ganz konzentriert allen alten Beziehungskram los. Ich ging alle, wirklich alle, Ex-Männer in meinem Kopf durch, klärte alles nicht Abgeschlossene und verpasste ihnen dann gedanklich ein rotes X. Mit einem prickelnden »Tschüss!« im Herzen beobachtete ich, wie das brackige Badewasser am Ende des Bades abfloss.

Ich baute eigenmächtig ein Vergebungsritual ein, das ich auf Hawaii gelernt hatte und das ich seitdem regelmäßig anwende, wenn ich einen Konflikt mit jemandem habe. Es trägt den wunderbaren Namen *Ho'oponopono*, was so viel wie »in Ordnung bringen« heißt. Das Ritual bezieht sich nur auf die eigene Vergebung, die mich selbst entlastet. Dahinter steckt die Überzeugung, dass ich den oder die andere(n) nicht beeinflussen kann und im Zwischenmenschlichen jeder seinen Anteil an einer konfliktreichen Situation trägt. In seiner Kurzform sagt man beim Gedanken an den Menschen vier Sätze. Und es geht darum, diese Sätze nicht nur aufzusagen, sondern auch zu fühlen, was eine Herausforderung sein kann:

1. *Es tut mir leid.*
2. *Bitte verzeih mir.*
3. *Danke.*
4. *Ich liebe dich.*

Diese kurzen Affirmationen haben es in sich, denn sie wirken auf den ersten Blick unangemessen. Wieso sollte ich mich bei jemandem entschuldigen, von dem ich denke, dass er mir Unrecht angetan hat? Es geht jedoch darum zu erkennen, dass wir in der Regel eine Mitverantwortung tragen und nicht immer das Opfer sind. Das entschuldigt das Verhalten des anderen nicht, aber gibt uns letztlich unsere Macht und den Handlungsspielraum zurück.

»Bitte verzeih mir« drückt den Wunsch nach Vergebung aus, der einen selbst befreit. Das »Danke« steht für die Chance, aus den Geschehnissen zu lernen und daran zu wachsen. Und bei »Ich liebe dich« geht es darum, sich selbst mit dem positiven Gefühl zu verbinden und zur inneren Harmonie zurückzukehren. Es ist nicht das Ziel, dass der Mensch wieder einen Platz im Leben bekommt. Es ist eher ein Weg, das Thema für immer zu verabschieden – und je nach Wunsch den Menschen dazu auch.

Der dritte Vorbereitungstag war dazu da, sich einen Liebesaltar zu gestalten. Dafür kaufte ich frische Rosen und sammelte zwei schön geformte Steine, besorgte mir besonders gut riechende Räucherstäbchen und zwei pinke Kerzen. Die eine

stand für mich, die andere für meinen zukünftigen Lieblings-
mann. Dieser kleine Altar mit Steinen, Blütenblättern und
Räucherstäbchen sah schön aus, und gleichzeitig bekam dieser
Wunsch und die damit verbundene Suche etwas Würdevolles.
Der Anblick machte mir an jedem der folgenden Tage Mut. Es
tat gut, dies alles für mich selbst zu tun. Am Abend nahm ich
ein Rosenbad und machte mich danach so hübsch, wie ich es
vor einem ersten Date machen würde. Herrlich! Das erste Mal
seit Wochen fühlte ich mich frisch, frei und gelöst.

Am Tag des Neumonds galt es, direkt am Morgen, von Hand
auf Papier aufzuschreiben, was mein Mann mitbringen sollte.
Dabei notierte ich fünf Eigenschaften, die kompromisslos
waren. In meinem Fall: vertrauenswürdig, respektvoll, bewusst,
optimistisch und liebevoll. Und dann durfte ich noch mehr
Attribute ergänzen, nach dem Motto: Es wäre schön, wenn …
Der Zettel lag fortan gefaltet unter meiner Matratze. Jeden Tag
sollte ich nun 108-mal das Mantra *Sat Patim Dehi Paramesh-
wara* (frei übersetzt: Bitte gib mir einen Mann, der heilsame
männliche Attribute besitzt) aufsagen, um einen Mann anzu-
ziehen. Um eine Frau ins Leben zu ziehen, gibt es ein anderes
Mantra: *Om Shrim Shriyei Namaha.*

Ein Mantra ist wie ein Minigebet und stammt in der Regel
ursprünglich aus dem Hinduismus oder Buddhismus. Die
Silben sind in der heiligen Sprache Sanskrit und sollten ge-
nauso wiedergegeben werden, weil jede Silbe eine bestimmte
Schwingung im Körper freisetzt. Mantra-Singen oder ein lautes
Aussprechen ist ein kraftvolles Ritual. Studien haben gezeigt,
dass es den Körper harmonisiert und je nach Ausrichtung des
Mantras in eine entsprechende Stimmung versetzt. So ver-

traute ich darauf, dass sich meine Zellen im Körper einschwangen und ich eine andere Ausstrahlung bekam, wenn ich mich jeden Tag mit dem ganzen Körper quasi magnetisch machte. Und als ich am nächsten Tag auf die Straße ging, fing ich einige Blicke von Männern ein. Alles war möglich, so fühlte ich mich. Aber natürlich durchlebte ich in den folgenden Tagen immer wieder *ups and downs.*

Jeden Morgen das Mantra zu rezitieren war kein Problem, denn ich baute es einfach in meine Morgenroutine ein. Ich durchlebte intensive Träume, in denen ich mit Drachen flog und mir einer von ihnen zuflüsterte, dass ich mein inneres Licht anschalten sollte. Und in der Realität wachte ich enttäuscht auf: Ein sehr vielversprechender, aufmerksamer und gutaussehender Mann, den ich noch aus meiner aktiven Onlinedating-Zeit kannte, ließ in mir Hoffnung aufkeimen. Doch ich sagte ab, denn schon beim dritten Date redete er eigentlich nur noch von seiner Ex-Frau und dem gemeinsamen Kind. Ich sah und hörte so viele ungelöste Probleme, dass mir klar wurde: Der Mann ist noch nicht bereit für eine neue Frau, und ich verabschiedete mich mit dem schalen Gefühl des Misserfolgs. Auf der anderen Seite war ich froh, dass ich dies so schnell erkannt hatte. Ein Blick auf meine Liste unter der Matratze reichte. Da hatte ich geschrieben, dass ich einen Mann ohne schwere Altlasten suchte.

Am Ende der vierzig Tage stand zwar nicht mein Traummann vor der Tür. Dennoch bekam ich ein nicht weniger kleines Geschenk: Ich fühlte mich rundum dankbar, dass ich mich von meinen Ex-Männern befreit hatte, und spürte, dass ich viele negative Gefühle ablegen konnte. Ich fühlte die heilsame männliche Energie, die ich stattdessen in mein Leben einlud. Außerdem fasste ich einen wichtigen Entschluss: In meine blitzblanke, gereinigte Wohnung und an meinen positiv schwingenden Körper wollte ich nur noch jemanden lassen, der es auch wirklich wert ist.

Mein Empfang war auf der richtigen Frequenz eingestellt, und mit dieser neuen Ausrichtung bediente ich auch die Dating-Apps anders. Ich blickte hoffnungsfroh und keinesfalls passiv in die Zukunft, aber mit Hingabe, Vertrauen und Offenheit. Anstatt genervt mehrfach am Tag Nachrichten zu beantworten oder mich durch hunderte Profile zu wühlen, nahm ich mir vor, mich dem maximal ein Mal pro Tag zu widmen – aber dann ganz bewusst. Ich kochte mir einen schönen Tee, erinnerte mich noch einmal an die Eigenschaften, die mir wichtig waren, und wählte ganz gezielt aus. Falls ich respektlos behandelt wurde, brach ich den Kontakt sofort ab und sprach im Inneren die vier Vergebungssätze.

Ich achtete darauf, selbst ebenso respektvoll zu sein, und konzentrierte mich immer nur auf einen Kontakt, nicht auf vier oder fünf gleichzeitig. Und nach einer halben Stunde schloss ich die App mit einem positiven Gefühl wieder. Denn neben einigen komischen, unfreundlichen und sexistischen Männern gab es immer ein paar Glanzlichter, die nette oder witzige Worte schrieben. Auch wenn es aus verschiedensten Gründen nicht zu einem Date oder gar einer Beziehung kam, war es ein schönes Gefühl, als Frau geschätzt und beachtet zu werden. Mein Herz war ausgerichtet, und ich verstand auch, dass ich mir einen Partner nicht wie ein neues Kleid im Internet oder beim Universum bestellen kann. Vielleicht war ich noch nicht bereit, oder mein Gegenüber war es nicht? Wie bei vielen Dingen im Leben vertraute ich auf den passenden Zeitpunkt, blieb offen und versuchte in der Zwischenzeit, mein Leben zu genießen.

Meditative Höhepunkte

Rituale erlauben uns, körperlich tieferzugehen. Ich kann Yoga üben, aber um die Bewegungen auch mit dem Geist und der Wahrnehmung zu durchdringen, braucht es einen Fokus und eine Bewusstheit während der Übungen, damit es nicht ein Sport bleibt, der allein den Körper beweglich hält. Das kann natürlich meine Intention sein, und das ist auch gut so. Aber was ist, wenn ich mehr und ganzheitlich eintauchen möchte? So verhält es sich auch mit dem Sex und der Sexualität. Suche ich nur kurzfristige Befriedigung, oder möchte ich mir und meinem Gegenüber ganz bewusst begegnen?

Es gibt viele Rituale zu dem Thema aus dem Tantra, wie zum Beispiel spezielle Tantra-Heilmassagen. Aus eigener Erfahrung weiß ich, wie kraftvoll die sexuelle Energie ist, wenn sie Raum und Entfaltung bekommt – ob allein oder mit einem anderen Menschen zusammen. Es kann sehr lustvoll sein, sich und seinen Körper erst einmal selbst ganz genau zu erforschen und sich Freude zu bereiten. Wer sich selbst gut kennt, kann auch seine Wünsche besser äußern und leben.

Aktivierte sexuelle Energie (auch ohne die Entladung in Form des Orgasmus) kann heilsam, belebend, freudvoll und kreativitätsfördernd sein. Wenn zum Beispiel aus Masturbation ein achtsames Ritual wird, das den ganzen Körper einbezieht und nicht schamvoll oder aus einem Gefühl des Mangels praktiziert wird, dann kann sie das Wohlbefinden steigern. Dazu gibt es geführte Meditationen, begleitende Musik oder Hilfsmittel wie Yoni-Eier oder -stäbe aus Heilsteinen. Egal wie, wo und womit man sich selbst berührt, Freude und Lust bewusst in sich zu wecken, strahlt auf das ganze Leben und alle Bereiche aus.

Es geht darum, viel mehr zu entdecken als einen kurzen Höhepunkt. Der Akt der Liebe bekommt durch einen bewussten Rahmen und einen schönen Ort eine neue Wertschätzung und Tiefe. Wichtig ist dabei, wenn man sich zu zweit Zeit nimmt, Grenzen und Bedürfnisse vorab zu äußern und währenddessen in Kontakt und Kommunikation zu bleiben.

Eine Form der ritualisierten Sexualität ist die Wellnesspraxis Orgasmische Meditation (OM), die von der Amerikanerin Nicole Daedone entwickelt wurde, die unter anderen das Buch *Slow Sex. The Art and Craft of the Female Orgasm*[29] geschrieben hat. Als sie sich intensiv mit den Themen Bewusstsein und Körper auseinandersetzte, erfuhr sie, dass es eine tantrische Meditationspraxis ist, den linken, oberen Quadranten der Klitoris zu berühren. Daraus entwickelte sie eine Übung, die wie Meditation oder Yoga praktiziert werden kann.

Diese körperliche Bewusstseinspraxis folgt für mich einem besonders klaren Ritual mit einem absolut geregelten Ablauf. Man kann sie nur zu zweit machen, denn es geht bei diesem Ritual um die Stimulation von außen und die Verbindung. Eine der beiden Personen muss aber eine Klitoris haben, denn um sie und ihre Nervenbahnen dreht sich die ganze Praxis, die im

Grunde darin besteht, für fünfzehn Minuten die Klitoris zu stimulieren.

Die Klitoris ist ein Organ, das allein der Lust der Frau dient. Und es ist das Organ, an dem sich die meisten Nervenenden auf kleinster Fläche in ihrem Körper treffen. Dafür, dass es so ein intensiver Gefühlspunkt ist, wird er relativ wenig beachtet.

Bei der OM geht es nicht um das Kommen in Form eines Orgasmus und schon gar nicht allein darum, mit einer anderen Person Sex zu haben. Es geht in erster Linie um die orgasmische Energie und die Lebenslust oder auch Entspannung, die ich durch den Kontakt mit der Klitoris erreichen kann. Umso grausamer erscheint für mich da immer wieder eines der schlimmsten Rituale, das ich kenne: die Beschneidung von Frauen. In diesem Buch gibt es bewusst keine Appelle und politischen Meinungen, mit dieser einen Ausnahme: Diese barbarische Form der Unterdrückung muss endlich aufhören! Es ist leider ein Beispiel dafür, wie traditionelle Rituale sehr viel Schmerz und Leid anrichten können, besonders, wenn sie unter dem Deckmantel der Religion stattfinden. Und letztlich zeigt es die Angst vor der weiblichen Lust und vor der Kraft, die entstehen kann, wenn sich eine Frau mit ihr verbindet.

In Hamburg traf ich die OM-Trainerin Eva Aßmuth[30], die regelmäßig mit wechselnden Partnern praktiziert und anderen die Übung beibringt. Sie erzählte mir, dass sie durch OM ihr Verlangen und ihre Lust kennengelernt habe und diese nun in alle Bereiche des Lebens einbringe.

»OM ist eine intensive Selbsterfahrung in der Verbindung mit einer anderen Person. Dabei frage ich mich selbst: Wie bleibe ich bei mir und gleichzeitig in der Verbindung?«, erklärte Eva. Das OM sei keine Miniform von Sex, sondern ein Ritual mit immer demselben Ablauf. Es beginnt damit, dass eine Person fragt: Möchtest du mit mir OMen? Diese Frage wird immer wieder gestellt, egal, wie oft zwei Menschen schon miteinander geübt haben. Die Antwort lautet immer nur »Ja« oder »Nein«. Mehr nicht. Bei »Ja« vereinbaren die beiden OM-Partner eine Zeit und einen Ort für die fünfzehnminütige Praxis.

Es gibt zwei Rollen: die *Strokee* (die Person mit Klitoris, die gestreichelt wird) und den *Stroker* (die Person, die streichelt). Der *Stroker* bleibt komplett angezogen, sie hingegen entkleidet sich ab der Hüfte abwärts, legt sich in ein immer gleich vorbereitetes »Nest« mit Yogamatte, Decke und Kissen. Eine genaue Anleitung kann man sich als Video im Internet ansehen, wenn man bei Youtube zum Beispiel »Orgasmische Meditation« eingibt. Es ist allerdings ratsam, die Einführung in Begleitung eines Coaches zu machen, um die zwölf Schritte genau zu verstehen und die Grundlagen und Prinzipien zu erlernen. In der Begleitung kann man tiefergehen sowie Unsicherheiten und Fragen klären, die während der Praxis in den ersten OMs auftreten können.

»Von außen betrachtet findet während der Übung nicht viel Bewegung statt. Die Klitoris wird für exakt fünfzehn Minuten nach einer bestimmten Technik stimuliert. Es entsteht der gemeinsame Fokus auf der Verbindung zwischen Zeigefinger und Klitoris am Punkt der höchsten Erregung.« Dies sei eine intensive Achtsamkeitsübung. »Wenn wir mit dem Fokus nur einen Millimeter abweichen, sind wir zu sehr in den Gedanken«, erklärte Eva.

Die Frau kann und darf auch während des OMs genaue Anweisungen geben und sagen, was sie will: wie schnell, langsam, fest oder sanft sie an welcher Stelle genau berührt werden möchte. Während der Praxis zum Orgasmus zu kommen ist nicht das Ziel. »Es gibt ein klares Ende, bei dem beide noch einmal einen Moment aus ihrer Erfahrung teilen, was das OM abschließt.« Das kann so etwas sein wie: »Während des OMs habe ich ein Kribbeln im rechten Fuß gespürt, und mein Unterbauch wurde warm.«

Es geht nicht darum, etwas zu bewerten, sondern nur darum, die eigene Wahrnehmung im Körper zu benennen. »Die Stärke ist für mich der sichere Rahmen. Er wirkt starr und unbeweglich. Aber was da drin passiert, ist wie ein Portal in ein Wunderland. Es geht vor allem um persönliche Expansion, nicht aber um Leistungsoptimierung.« Das Ritual konzentriert sich nur auf den weiblichen Orgasmus, denn es geht um die Hingabe. Beide Partner sind vollwertig und teilen diese Erfahrung. »Es geht um die Empfängnis und die Selbstverständlichkeit, annehmen zu dürfen. Ich finde es super, durch OM die Sicherheit und das Vertrauen in mir selbst zu finden«, fasste Eva zusammen.

Die Erlebnisse und Erfahrungen kann man in Form von Mini-Ritualen auch in den Sex und das (Beziehungs-)Leben integrieren. Ein Beispiel: Ein Teil des Rituals besteht, wie beschrieben, darin, am Ende seine Wahrnehmung und die Körperempfindungen zu schildern. Oder bewusst die Erlaubnis zu geben, zu hundert Prozent nach dem zu fragen, was sie will, mit genauen Anweisungen – ohne sich zu rechtfertigen.

Dabei geht es letztlich auch wieder um den Punkt Kommunikation, der bei einem schambesetzten Thema wie Sex vielleicht in Form eines rituellen Austausches leichterfällt. Dann würden unangenehme Momente entfallen, in denen einer der beiden Partner bemerkt: Kann ich dir was sagen oder dich was fragen? Oder unangenehmes Schweigen entsteht, weil der Partner oder die Partnerin unzufrieden ist oder sich etwas anderes wünscht. Das ist für mich eine wahre Stärke von Ritualen – sie schaffen einen Raum für Austausch und Verbindung.

Ich finde OM aber vor allem deshalb interessant, weil es der weiblichen Lust in Form eines Rituals Aufmerksamkeit und Wertschätzung schenkt. Und da schließt sich für mich der Kreis und dieses Kapitel. Wertschätzung und Selbstwert sind für mich zwei Komponenten, die das Leben sehr stark in die eine oder andere Richtung beeinflussen können. Sie bestimmen die Qualität in unseren Beziehungen und das Verhältnis zu uns und unseren Körpern. Es ist die Basis, aus der bedingungslose Liebe wachsen kann. Und es ist etwas, das jede(r) in Ritualen wunderbar entdecken und kultivieren kann.

Was ich gelernt habe

- Alles beginnt bei mir selbst. Wenn ich ein authentisches Leben mit erfüllenden Beziehungen führen möchte, dann muss ich aufhören, von außen nach innen zu leben. Stattdessen fächere ich mein Leben von innen nach außen auf. Das bedeutet: Ich kultiviere Liebe, Wertschätzung, Gelassenheit und Freude in mir. Ich richte mich aus und ziehe meine Grenzen, ohne die Offenheit zu verlieren.

- Ich kann andere und auch das Leben nicht kontrollieren, aber ich kann mich im Vertrauen hingeben.
- Ich habe die Macht zu heilen, und ich verdiene es, geliebt zu werden.
- Im Kontakt mit anderen lerne ich mich selbst kennen. Es gibt kaum einen besseren Spiegel als ein Gegenüber.
- Eine Partnerschaft ist nur eine von vielen Beziehungen. Sie ist gleichwertig mit anderen Beziehungen, wozu auch der Kontakt zu mir selbst gehört.

Ein Ritual, das ich empfehle

Wertschätzung der Liebe und Beziehungen in unserem Leben

Nimm dir eine Stunde Zeit, um dich und deine Beziehungen zu würdigen. Stell dir ein paar Kerzen oder Teelichter bereit – jede steht für einen wichtigen Menschen in deinem Leben und eine für dich. Bevor du die Kerze anzündest, werde dir bewusst, was du an dem Menschen schätzt, wie er oder sie dich inspiriert oder in welchen Situationen er oder sie dich schon begleitet und unterstützt hat. Die Kerzen können übrigens auch für Tiere oder bereits verstorbene Menschen stehen. Und es ist auch möglich, eine Kerze für Lebewesen auszuwählen, die noch in dein Leben kommen dürfen (Partner, Freunde, Kinder, Haustiere).

Zünde diese Kerze an und betrachte sie eine Weile absichtslos. Spüre dabei in deinen Herzraum. Was fühlst du? Vielleicht hast du auch das Bedürfnis, dich zu bedanken. Stell dir vor, wie alle positiven Gefühle, die du erlebst, sich weiter in deinem Körper ausdehnen und dich einhüllen.

Falls du das Ritual erweitern möchtest, kannst du ein paar schöne Postkarten auswählen und jedem Menschen ein paar wertschätzende Zeilen schreiben (ohne auf einen Anlass wie den Geburtstag zu warten). Vergiss dich selbst nicht – und sende diese Karte ruhig auch mit der Post ab, auch wenn es seltsam scheinen mag. Die 80 Cent bist du dir wert.

10

Kinder begleiten: Rituale von der Geburt bis ins Teenageralter

Kinder lieben es, wenn sich etwas wiederholt. Sie schätzen gewohnte Abläufe, sie lassen sich von Magie verzaubern und fiebern Feiern entgegen wie niemand sonst.

Ich kann mich noch erinnern, wie ich jedes Jahr die Nächte bis zu meinem Geburtstag zählte (noch dreimal schlafen) und wie enttäuscht ich war, wenn nicht alles genauso ablief wie die Jahre zuvor: morgens geweckt werden mit »Happy Birthday«, dann Kerzen ausblasen und sich etwas wünschen, danach Geschenke auspacken.

Als Erwachsene bin ich eines Tages kilometerweit zurückgefahren, weil das Kind, das ich als Au-Pair-Mädchen betreute, sein Lieblingsstofftier vergessen hatte. Ich wusste: Ohne den abgewetzten Hasen würde ich sie niemals zum Schlafen bringen.

Ich habe viele Patenkinder und liebe es, Zeit mit ihnen zu verbringen. Eines meiner Patenkinder ist mittlerweile ein

Teenager. Sie interessiert sich heute für ganz andere Dinge als noch ein Jahr zuvor. Aber was sich nicht verändert hat: Jedes Mal, wenn sie bei mir zu Besuch ist, will sie mit mir »Kinder-Cappuccino« trinken (Milchschaum ohne Kaffee). Immer aus denselben Tassen, immer auf denselben Plätzen. Und immer bin ich es, die aufräumt und verschüttete Milch wieder aufwischt – und sie ist diejenige, die die Milch per Hand aufschäumt und in die Puppentassen füllt, die ich für sie gekauft habe, als sie mini war, und die ich niemals wegwerfen würde. Denn dann würden Tränen fließen, das weiß ich. Alles läuft immer gleich ab (muss es sogar), und wir machen das Kinder-Cappuccino-Ritual, weil es uns Spaß bringt und weil wir uns so immer wieder daran erinnern, dass sich die Zeiten und vor allem die Größenunterschiede zwar sehr verändert haben, aber nicht dieser Moment, den auch nur wir verstehen und genießen können. Denn eigentlich sind die Tassen viel zu klein für uns, und ich habe längst einen elektrischen Aufschäumer. Und: Ich bin mittlerweile Mandelmilch-Trinkerin.

Für eine meiner anderen Nichten bin ich die Tante, die gern meditiert und die immer mit ihr tanzt. Daran wird sich vermutlich auch nichts ändern. Immer wenn wir zusammen Zeit verbringen, meditieren wir ein paar Sekunden am Morgen. Sie weiß genau, dass ich es liebe, und wenn sie da mitmacht, dann mache ich auch bei dem mit, was sie liebt.

Als sie während des Lockdowns während der Coronakrise nicht zur Schule gehen konnte und zu Hause war, änderte sich von heute auf morgen ihre gewohnte Routine. An den ersten Tagen wirkte sie etwas irritiert. Ihr kleiner Bruder zog sich jeden Tag nach dem Frühstück die Jacke an und stellte sich an die Haustür. Er war es gewohnt, jeden Tag rauszugehen und auf dem Spielplatz zu schaukeln. Er verstand zunächst nicht, warum das nicht mehr möglich war. Bis meine Schwester eine Schaukel im Haus aufbaute, blieben bei ihm die Fragezeichen im Gesicht.

Ich hatte nun auch mehr Zeit als sonst und schickte meiner Nichte Bastelideen aus dem wunderbaren Buch *Bastel dir die Welt, wie sie dir gefällt!*[31] Spontan fragte ich sie: »Wollen wir nicht zusammen über Facetime basteln?« Wir trafen uns zu unserer ersten Bastelstunde und erstellten Krönchen aus Pfeifenputzern. Die Kleine rief von da an immer zur selben Zeit an, und unsere Bastelstunde wurde zu einem täglichen Ritual, um der Langeweile zu entkommen. Ehrlich gesagt war es auch für mich eine willkommene Abwechslung. Wir bastelten ein Puppentheater, und ich kam in den Genuss einer Vorführung, wo doch gerade sämtliche Events in Hamburg gestrichen waren. Jeden Tag entwickelten wir neue Ideen, und diese ein bis zwei Stunden wurden zu unserem ganz besonderen Tante-Nichte-Anti-Krisen-Ritual. Intention: Spaß, Freiheit und temporäre Weltflucht! Mir wurde bewusst, wie flexibel meine Nichte ist und wie sie das Beste aus der Situation herausholte.

Oft kann es auch ein besonderer Einschnitt im Leben eines Kindes sein, wenn das eigene Haustier stirbt oder wegläuft. Ein Abschiedsbrief oder ein kleines Begräbnisritual helfen dem Kind, mit der Trauer umzugehen.

Diese Beispiele zeigen, dass Rituale im Grunde genommen ähnliche Effekte auf die Kleinen haben wie bei den Erwachsenen: Sie geben Sicherheit und Vertrauen, sie schaffen emotionale Verbindung, sie geben Halt und Bestärkung in unsicheren oder sich ändernden Zeiten, und sie helfen, mit Gefühlen umzugehen.

Im Familienbericht der Bundesregierung heißt es zu Ritualen: »Für die Qualität des Familienlebens sind vorhersagbare Abläufe und Rituale, die den sich verändernden Bedürfnissen der Familienmitglieder angepasst werden, wichtig. Sie spielen auch und gerade bei der Bewältigung von Entwicklungsaufgaben eine entscheidende Rolle.«[32]

Kein Wunder, dass in Familien, Kindergärten und Schulen geregelte Tagesabläufe und immer wiederkehrende Rituale so einen großen Stellenwert haben. Eine befreundete Erzieherin bestätigte mir das: »Eine feste Tagesroutine mit denselben Zeiten für Mittagsschlaf oder Essen gibt Kindern einen Halt.« Da kleine Kinder keine Uhr und kein Zeitgefühl haben, brauchen sie feste Zeiten und Rituale, um sich zu orientieren und sich zugehörig zu fühlen. Im Morgenkreis werden sie jeden Tag mit demselben Lied begrüßt, und wenn die Glocke läutet, gibt es Essen.

Wenn alle gemeinsam aufräumen sollen, wissen die Kinder, dass die Eltern sie bald abholen. Und wenn später die Zeit für das Zähneputzen gekommen ist, ahnen sie, dass sie bald ins Bett geschickt werden. Besonders wichtig ist ein Abendritual, das den Kindern hilft, sich zu entspannen: Hörspiele hören, (vor-)lesen oder ein Einschlaflied singen. »Kinder müssen Abschalten lernen, und dabei helfen Rituale wie Beten und Vorlesen vor dem Einschlafen«, erklärt der Schlafforscher und psychologische Psychotherapeut Dr. Hans-Günter Weeß (siehe auch Kapitel 11).

Alle Eltern werden es kennen: Kinder wollen das, was sie

lieben, wiederholen. Sie möchten ein Buch immer wieder lesen oder gleich mehrfach durch die Luft gewirbelt werden. Das gibt den Kindern Bestätigung und Sicherheit.

In jeder Familie existieren dazu neben vielen unbewussten Ritualen – dazu gehören etwa die Körpersprache und die Kommunikation – auch viele bewusste Rituale. Eine befreundete Erzieherin erzählte mir, dass es besonders wichtig sei, dass sich Kinder ihre eigenen Rituale schaffen und dafür genug Freiraum und Bestätigung erhalten. So könnten sie sich ausprobieren und ausleben.

Darüber hinaus kann es hilfreich sein, kleine Rituale (nicht zu viele auf einmal) zu etablieren, die dem Kind den Raum geben, sich auszudrücken. Eine Idee ist, das Kind jeden Abend und Morgen zu fragen, wie es sich fühlt. Wenn es schon schreiben kann, dann könnte es dies in ein Tagebuch notieren oder aufmalen; es kann aber auch einfach erzählen. Es geht dabei darum, auch nach körperlichen Empfindungen zu fragen, zum Beispiel: Wie geht es dem Bauch? Und dem Kopf? Die Erwachsenen sollten die Antworten nicht kommentieren, sondern eher den Raum bieten und aufrecht halten, in dem sich das Kind ausdrücken kann.

Das innere Kind kennenlernen

Rituale, die Gefühle und Empfindungen ansprechen, können auch für das sogenannte innere Kind interessant sein, das wir als Erwachsene noch in verschiedenen Altersstufen und mit unterschiedlichen Erfahrungen in uns tragen.[33]

Bei fast jedem Cacao-Ritual oder auch bei anderen Ritualen, die ich erlebt habe, tauchen die inneren Kinder zum Beispiel bei Meditationen auf. Es sind Erinnerungen, die sich wieder zeigen und vielleicht mit Verletzungen in der Kindheit zu tun haben. Das Kindliche erscheint aber auch, um die erwachsene Person wieder zu mehr Leichtigkeit und Freude zu inspirieren und damit Kreativität sowie Spaß ins Leben zu bringen. Oft erinnern sich die Teilnehmer, wie sie als Kind gern im Gras lagen oder auf dem Trampolin sprangen. Diese Aktivitäten ab und zu wieder in das Erwachsenenleben zu integrieren ist nicht kindisch. Es kann ein Stück Unbeschwertheit aus der Kindheit zurückholen und das Leben leichter machen. Gleichzeitig kann es heilsam sein, der Trauer oder Wut des verletzten Kindes Raum zu geben oder das innere Kind zu fragen, was es gern machen will: Eis essen oder sich die Nägel bunt lackieren.

Ich nehme regelmäßig Kontakt zu meinen inneren Kindern (aus verschiedenen Altersstufen) auf, wenn ich merke, dass ich sehr emotional werde und meine Emotionen nicht unbedingt zu dem realen Ereignis passen. Sie stehen symbolisch für Erfahrungen in der Vergangenheit, die bis heute durch Bilder, Gefühle oder Charaktereigenschaften präsent sind. Gerade in Beziehungen kann es sonst zu Verstrickungen kommen, wenn ich zum Beispiel vom Partner erwarte, dass er meine ungestillten Bedürfnisse befriedigt, und ich dann emotional werde, er aber nicht genau versteht, weshalb eigentlich. Während eines Rituals bin ich oft in Kontakt mit den Emotionen der inneren Kinder gekommen, aber für die Heilung braucht es meiner Meinung nach oft eine intensivere Auseinandersetzung.

Zur Beschäftigung mit dem inneren Kind gibt es zahlreiche

Bücher und geschulte Therapeuten. Ich habe für mich zwei Rituale übernommen, die mir die Psychologin Judith Garay[34] empfohlen hat. Ich habe eine Liste mit allen Wünschen erstellt, die meine inneren Kinder haben. Darauf stehen dann so Dinge wie: Achterbahn fahren, Muscheln am Strand sammeln, eine Katze anschaffen. Stück für Stück versuche ich, diese auszuleben (wenn möglich), und merke, dass sich eine innere Zufriedenheit einstellt.

Zusätzlich nehme ich mir einmal in der Woche Zeit und schreibe einen Brief an meine Eltern, den ich nicht absende. Er ist eher ein Ventil für das innere Kind, genau das rauszulassen, was es vielleicht mit drei, fünf oder vierzehn Jahren nicht ausdrücken konnte. Ich versuche, mir dann mich selbst vorzustellen, und schaue, wie alt ich ungefähr bin. Meist kommt sofort ein Bild, wenn ich das Ritual beginne. Dann schreibe ich für zehn Minuten auf, was mir in den Sinn kommt.

Es ist oft sehr interessant, was dabei herauskommt. Den ersten Brief an meine Eltern habe ich sehr reflektiert und einordnend, also eher aus der Erwachsenenperspektive geschrieben. Schließlich weiß ich, wofür ich dankbar bin und was nicht so gut gelaufen ist. Aber lasse ich eine kindliche Sprache und kindliche Emotionen zu, entsteht ein ganz anderer Brief, und ich fühle mich jedes Mal erleichtert. So, als hätte ich ein Ventil geöffnet. Dann habe ich das Gefühl, dass ich nun besser in der Lage bin, Verantwortung für mich und meine Gefühle zu übernehmen und sie nachreifen zu lassen.

Das Ritual endet für mich damit, dass ich dem inneren Kind mit einem kleinen Brief antworte, in dem ich einfach schreibe, dass ich es gehört sowie gesehen habe und immer als erwachsene Ansprechpartnerin da bin. Judith Garay erzählte mir: »Bei unseren Eltern lernen wir normalerweise wie in einem sicheren Brutkasten eine Grundsicherheit und können danach frei laufen. Doch wenn wir das als Kinder nicht bekommen haben, dann können uns Rituale unterstützen, dieses Gefühl noch einmal zu erzeugen und darin zu wachsen.«

Mit Ritualen eine Geburt begleiten

Wenn es um Kinder geht, gehört natürlich auch dazu, wie sie auf die Welt kommen. Die meisten werdenden Eltern nehmen an Geburtsvorbereitungskursen teil, in denen unter anderem die Atemtechnik für die Geburt gelehrt wird. Ab und zu laden auch Schwangere oder ihre Freundinnen zu einer Babyparty (*Babyshower)* ein, bei der wenige Wochen vor der Geburt schon einmal die Ankunft des Kindes gefeiert wird.

Sehr rar, aber dennoch auf dem Vormarsch, sind alternative Geburtsvorbereitungen (etwa HypnoBirthing), die unter anderem mit Meditationen bestärken und mit einem bewussteren Zugang die Angst vor der Geburt reduzieren wollen. Um mehr über dieses spannende und mir neue Thema zu erfahren, sprach ich mit Inken Arntzen[35], HypnoBirthing-Doula (seelische Geburtsbegleiterin), und Katrin Michel[36], HypnoBirthing- und Meditationscoach. Die beiden bieten unter dem Zusammenschluss »Gebärmütter«[37] Kurse und Rituale für Schwangere und Mütter an. Dort lernen die Teilnehmerinnen Entspannungs- und Selbsthypnosetechniken, die Angst und Anspannung durch Vertrauen, Ruhe und Wohlbefinden ersetzen. Ich ließ mir von ihnen vor allem erzählen, welche Rituale sie für werdende und frischgebackene Mütter gestalten.

Katrin erzählte mir ausführlich und offen, welche Rituale für sie vor und nach der Geburt ausgerichtet wurden, während Inken mir vor allem die Hintergründe ihrer gemeinsamen Rituale erklärte. Sie hat eine Ausbildung zur Doula gemacht. Das Wort Doula ist altgriechisch und bedeutet so viel wie »Dienerin der Frau«. »In unserer Gesellschaft ist es nicht mehr üblich, eine andere Begleitung als den Partner oder die Partnerin zur Geburt mitzunehmen. Es ist jedoch ein alter Brauch, dass erfahrene Frauen andere Frauen bemuttern und sie während der Geburt begleiten.« Eine Doula ersetzt dabei nicht die Hebamme, sondern ist ausschließlich dafür da, die Frau und bei Bedarf auch den Mann mit Ritualen, Atemübungen und Meditationen zu bestärken. »Die Doula ist für das positive Mindset der Frau da, und der Partner oder die Partnerin bildet den emotionalen Anker für die Frau, während die Hebamme sich um das Kind und den Geburtsprozess kümmert.« Die Forschung zeigt, dass eine kontinuierliche Begleitung und Anwesenheit einer unterstützenden Person den Frauen vor, während und nach der Geburt guttut und von ihnen sehr geschätzt wird.[38]

»Geburten sind in unserer Gesellschaft oft sehr angstbehaftet«, erzählte Inken. »Wir bieten bestärkende Rituale für Schwangere und Mütter an. Darunter vor allem die beiden Rituale ›Blessingway‹ und ›Closing the Bones‹. Ein Blessingway ist wie eine Art Babyparty, nur, dass es sich mehr auf die Frau und ihre Geburt sowie die Verbundenheit mit anderen Frauen richtet. Ursprünglich stammt es von den Navajo-Ureinwohnern, die dieses Ritual als alte Tradition gefeiert haben.«

Ein Blessingway ist dazu gedacht, eine oder mehrere schwangere Frauen auf die Geburt vorzubereiten, ihr gute Wünsche mitzugeben und das noch ungeborene Kind schon einmal willkommen zu heißen. Meist kommen hierfür Freundinnen und Familie zusammen. Traditionell werden die Füße der Schwangeren gewaschen, und alle legen ihr als Segnung die Hände auf den Bauch. Doch dies werde bei den Ritualen, die Inken und Katrin leiten, nicht so sehr gefragt. »Nicht alle Schwangeren wollen auch angefasst werden.«

Inken nennt das Ritual mittlerweile lieber Mama Blessing, um deutlich zu machen, dass es sich um ein Ritual handelt, das zwar von der Tradition inspiriert wurde, aber frei nach den Wünschen der werdenden Mutter gestaltet wird. »Der Ursprungsgedanke, die Schwangere zu feiern, ist gleich, aber ansonsten wird das Ritual neu interpretiert«, sagte Inken. Es kann bei der Frau zu Hause im vertrauten Umfeld stattfinden, in einem angemieteten Raum oder auch im Park. Hauptsache, alle fühlen sich wohl. Und es kann auch Elemente enthalten, die eher bei einer Babyshower oder Babyparty aufgegriffen werden, wie zum Beispiel einen Body für das Kind bemalen.

Katrin hatte schon zwei Kinder zur Welt gebracht – für die Geburt ihres dritten Sohnes entschied sie sich für die Rituale mit Inken: »Es ist so ein Unterschied. Ich bin viel bestärkter in diese Geburt gegangen als in die beiden anderen.« Sie erzählte, dass sie sich bei ihrem Mama Blessing sechs Wochen vor der Geburt wie eine Königin gefühlt habe. Es sind in der Regel eher wenige Frauen dabei, dazu gehören Schwestern, Mutter, Töchter und Freundinnen. In vielen Fällen bekommt die werdende Mutter das Ritual von ihren Freundinnen geschenkt.

Es geht dabei nicht um ein großes Fest, zu dem alle eingeladen werden, sondern eher um einen intimen Kreis und die Frage: Wer aus meinem Umfeld kann mich wirklich stärken? Eher selten sitzt der Partner oder ein anderer Mann dabei. »Traditionell ist der Blessingway ein Frauenkreis, aber wir sind da offen«, erzählte Inken. Als zum Beispiel einmal der Partner einer Klientin dabei sein wollte, wurde das Ritual um eine Art Mini-Hochzeit erweitert, bei der die werdenden Eltern sich ein Versprechen gegeben haben, ohne offiziell zu heiraten.

Katrins Mama Blessing fand bei ihr zu Hause in Hamburg nur unter Frauen statt. Ihre Freundinnen dekorierten mit Inken das Wohnzimmer so um, dass alle Frauen gemütlich auf dem Boden im Kreis sitzen konnten. Kerzen und Blumen sorgten für eine festliche Stimmung. Als Katrin hereinkommen durfte, wurde sie herzlich begrüßt und mit Rosenblättern beworfen. »Ich hatte mich so gefreut wie vor meinen Geburtstagen als Kind. Und ich erzählte meinem Kleinen, dass wunderbare Frauen etwas Besonderes nur für uns vorbereiten würden. Da liefen schon die ersten Tränen. Ich habe mich noch nie so sehr wertgeschätzt gefühlt. Meine Freundinnen sind für mich weit angereist. Ich habe im Herzen gespürt, dass ich nicht allein bin und dass andere Frauen hinter mir stehen, auch wenn sie bei der Geburt nicht dabei sein würden. Ich bekam die Sicherheit, dass ich eine Geburt entspannt schaffen kann. Das Vertrauen hatte ich durch meine erste Geburt etwas verloren.«

Das Ritual begann mit einer Begrüßung. Danach durfte jede Frau getrocknete Rosenblüten in eine Wasserschale geben und laut einen Wunsch für Katrin aussprechen. Es entstand ein wunderbar duftendes Wunschwasser, das während des Rituals in der Mitte stand. »Rosen waren für mich der Begleiter während der Schwangerschaft. Ich hatte immer das Bild von der sich öffnenden Blüte vor Augen und nutzte Rosendüfte, um mich zu entspannen«, erzählte Katrin.

Es folgte eine Meditation, die Inken anleitete, bei der sich alle miteinander verbanden – und auch mit dem entstehenden Leben. Danach ging es für Katrin darum, sich zu öffnen, wie bei einer Geburt: »Ich konnte all meine Ängste und Sorgen teilen und loslassen. Für mich war das ganz wichtig, weil vor allem meine erste Geburt nicht so schön war«, sagte Katrin. Ihren Erfahrungen und Emotionen wurde Raum gegeben. Katrin musste viel weinen, weil noch so viel Schmerz in ihr war. »Es ist deshalb wichtig, wer das Ritual leitet, denn es ist ein hochsensibles Thema. Ich brauchte diesen Raum«, erzählte sie.

Danach teilte Katrin mit den anderen, wie ihre bevorstehende Geburt aussehen sollte, was ihre Hoffnungen und Wünsche seien. »Mein Wunsch war, dass die Geburt nicht so schnell geht. Ich wollte alles feiern, genießen und bewusst wahrnehmen.« Die Frauen haben unterdessen mitgeschrieben und Affirmationskarten mit positiven Impulsen wie »Du bist eine starke Frau!« entwickelt. »Eine Kraftkarte hängt immer noch an meinem Küchenschrank. Jedes Mal, wenn ich ein Glas für mich oder meine Kinder heraushole, sehe ich sie und fühle mich immer noch begleitet.«

Zum Abschluss legte sich Katrin in ein Blumenmandala, das die Frauen für sie auf dem Balkon aus Rosenblüten gelegt hatten. »Ich habe die Augen zugemacht und nur zu meinem Baby gespürt. Das ist seitdem ein Sinnbild für mich. Immer wenn ich in Stress gerate, denke ich an den friedlichen Moment zurück. Dann sehe ich mich in dem duftenden Blumenmandala sitzen. Das ist sehr kraftvoll. Ich habe die Blüten später getrocknet und auf meinen Schreibtisch gelegt.«

Das geleitete Ritual dauert in der Regel etwa zwei bis drei Stunden. Danach können die Frauen zum Beispiel noch gemeinsam basteln und den Tag beim Essen ausklingen lassen.

Jede Frau hatte eine Perle mitgebracht, die sie Katrin mit persönlichen Worten, was sie mit ihr verbindet, überreichte. Eine Freundin hatte einen Bernstein dabei, den Katrin ihr als Kind aus dem Urlaub mitgebracht hatte. »Keine Torte kann mir das Gefühl bringen«, sagte Katrin. »Diese Steine habe ich als Armband zusammengesetzt und bis zur Geburt getragen.« Die Frauen haben auch ein Armband bekommen, das sie fortan tragen sollten.

»Wenn die Geburt anfängt, schickt die Frau ein Herz in die gemeinsame WhatsApp-Gruppe. So gibt man den Frauen Bescheid, und sie schneiden das Armband durch, um alle Kräfte zu der Gebärenden zu schicken. In der gesamten Zeit davor sind alle verbunden durch das Armband«, erklärte Inken. »Jedes Mal, wenn ich auf meinen Arm schaue, sehe ich, wer noch schwanger ist. Es ist wunderschön, an die Frauen und ihre Kinder im Bauch zu denken.«

Inken erklärte auch, dass nur das Herz gepostet wird und keiner antworten sollte, damit die Frau in Ruhe gebären könne. »Viele machen sich Sorgen und nerven die Schwangere mit Nachfragen. Die Zeit vor der Geburt ist aber so heilig und wunderschön.«

Ganz zum Schluss haben die Frauen noch ein Kraft-T-Shirt

kreiert, das Katrin während der Geburt anziehen sollte. »Das habe ich aber nicht mehr geschafft, denn die Geburt setzte früher ein als geplant und dauerte nicht sehr lange. Aber so ist es eben. Die Realität kommt meist anders und ist nicht planbar. Ich konnte dies sehr gut akzeptieren und loslassen.«

Einige Tage oder Wochen nach der Geburt findet dann auf Wunsch ein zweites Ritual statt, das Closing the Bones heißt. »Die Geburt öffnet alles, den Körper und das Herz. Viele Frauen fühlen sich nach der Geburt eine Weile nach unten offen. Das Schließungsritual soll helfen, dass sich der Körper wieder schließt und die Frau zu sich zurückfindet«, erzählte Inken. »Dieses Ritual kann auch nach Fehlgeburten und stillen Geburten unterstützend sein.«

Und Katrin ergänzte: »Ich habe nach meinen ersten beiden Geburten das Gefühl gehabt, dass ich etwas brauche, um in meinen ursprünglichen Zustand zurückzukommen. Ich wollte die Schwangerschaft und die Geburt abschließen.« Bei diesem Ritual ist es eher üblich, dass die frischgebackene Mutter allein mit der Doula und einer Assistentin ist. Das Ritual beginnt mit einem gemütlichen Bad allein, wenn die Frau dies möchte. Katrin gab die getrockneten Rosenblüten von ihrem Mama Blessing in ihr Bad. Währenddessen bereitete Inken das Ritual mit einer anderen Doula vor. Sie legte Rebozo-Tücher an dem Ort in Katrins Wohnzimmer aus, wo sie auch ihr Kind bekommen hatte. Ein Rebozo ist ein langer Schal aus Mexiko, bunt und wie ein Tragetuch aus festem Leinen. Inken fügte noch Gegenstände von Katrin dazu, die sie während der Schwangerschaft und Geburt begleitet hatten. Außerdem legte sie eine Kette mit drei Elefanten dazu, die Katrins drei Kinder symbolisierten.

Unterdessen lag Katrin in der Badewanne und machte sich die Musik an, die sie auch als Schwangere gehört hatte. »Ich habe mich in dem Moment so stark mit meinem Körper verbunden gefühlt. Ich bin jeden einzelnen Bereich im Geist abgegangen und habe mich bedankt, was mein Körper alles mitgemacht hat. Ich habe drei Kinder bekommen. Ich habe mich dabei sanft gestreichelt: Meine Arme, die meine Kinder tragen, meinen Intimbereich mit den Geburtsnarben. Ich habe meine Beine gestreichelt, die mich jeden Tag durchs Leben tragen. Das war, als würde ich von außen auf mich drauf-schauen, und ich habe eine tiefe Dankbarkeit gefühlt, wie ich sie selten zuvor gespürt habe. Eine Demut vor mir und meinem Körper. Gleichzeitig kamen alle Geburten als Bilder hoch. Ich hatte die Augen zu und habe alles erneut durchlebt. Als ich die Augen öffnete, waren die Rosenblätter verteilt. Einige schwam-men weit von mir weg. So wie einige meiner Erfahrungen näher oder weiter entfernt waren. Ich habe alle Rosenblüten zu mir geholt, und das war symbolisch intensiv für mich. Es war eine Reinigung und Heilung. Nach dem Bad habe ich mich mit tollen Ölen eingeölt, alle Körperteile angefasst und mit Liebe bedacht. Dann habe ich mich angezogen und bin ins Wohn-zimmer gegangen. Ich sah eine Matratze genau dort liegen, wo ich mein Baby bekommen hatte. Dort lagen auch eine gehäkelte Decke von meiner Oma und unterschiedliche Decken von meinen Freundinnen. Ich hatte das Gefühl, alle Generationen sind in dem Raum, und auch meine Ahninnen waren alle da. Dann wurde ich in die Tücher eingewickelt wie in einen Kokon, der sich schließt. Das Offene vom Baden wurde geschlossen. Es war physisch fühlbar: Ich werde jetzt geschlossen. Meine

Bauchmuskeln waren nach der Geburt nicht mehr richtig zusammen. Und es war toll zu fühlen, wie sich der Körper mal wieder anfühlen wird. Es war ein völliges In-mir-Sein.«

Der Hauptteil des Rituals besteht darin, dass die Frau in Stille fest in die Tücher eingewickelt wird. Man schließt das Tuch und steckt es unter der Frau fest. Das Einwickeln dauert etwa zwanzig Minuten, und dann bleibt die Frau liegen. Sie nimmt sich Zeit, in der Stille zu sein, loszulassen. »Man merkt, wie Emotionen hochkommen und da sein dürfen. Wir halten den Raum«, erklärte Inken.

Katrin lag zwanzig Minuten da. Zwischendurch kam ihr ältester Sohn rein. Er sollte eigentlich in der Schule sein.

»Ich hatte mir das so vorgestellt, dass ich ganz allein bin, aber das hat nicht funktioniert. Mein Mann, mein Baby und mein Ältester waren da. Das fand ich erst richtig doof, aber irgendwann, als ich da lag, ist mir klar geworden: Ich hatte eine sehr schwierige Geburt mit dem Ältesten. Weil er dabei war, konnte er auch noch einmal einen Abschluss finden. Die erste Geburt war acht Jahre her und kam dann noch einmal hoch. Den Raum zu haben, dass das sein darf, war sehr wertvoll«, erzählte Katrin.

Beim Auswickeln sagen die Doulas in der Regel schöne, bestärkende Worte, weil es das Neue und Kraftvolle wieder hervorbringen soll. Katrin beschrieb es wie einen Schmetterling, der aus dem Kokon schlüpft. Nach dem Ritual konnte Katrin die Gegenstände, die um sie herumlagen, etwa den Geburtsplan, wegräumen und Platz für Neues schaffen. Danach feierten alle zusammen bei einem tollen Essen.

»Wenn die Geburten nicht so gut gelaufen sind, dann bleibt

eine offene Wunde, und es gibt viele Frauen, die deshalb kein zweites Kind bekommen wollen«, erklärte mir Inken zum Abschluss. »So war es bei mir auch. Doch ich wurde dann ein zweites Mal ungewollt schwanger. Und meine zweite Geburt war wundervoll und kraftvoll, auch dank dieser Rituale.«

Das intensive und intime Gespräch mit den beiden Frauen und Müttern hat lange in mir nachgehallt. Es berührte mich ganz tief, denn ich kenne viele Frauen, die traumatische Erlebnisse rund um das Thema Geburt in sich tragen. Seit dem Interview habe ich vielen Frauen von diesen Ritualen erzählt, und jedes Mal flossen bei mir und meinem Gegenüber viele Tränen.

Meine Freundinnen, die bereits Mütter sind, erzählten mir von ihren Gefühlen und Erlebnissen. Allein über das Ritual zu sprechen hat schon so viel Raum gegeben und Verbindung geschaffen. Es war schmerzhaft und heilsam zugleich. Und ich habe vor allem Dankbarkeit empfunden, dass es diese Möglichkeiten mittlerweile in unserer Gesellschaft gibt, wenn auch rar gesät.

Die aktuelle junge Generation

Ich möchte dieses Kapitel mit den Kindern selbst abschließen, denn sie machen mir Hoffnung auf eine bessere Zukunft.

Ich habe Meditationskurse für Studierende angeboten und junge Erwachsene als Coach unterstützt. Dabei ist mir aufgefallen, wie viele kreative Ideen in dieser Generation stecken und dass sie oft einen unbeschwerten Zugang zu ihrer Spiritualität haben und schnell in einen meditativen Zustand kommen. Sie sehen ein offenes Bewusstsein als das, was es ist: eine lebenspraktische Ressource, die hilft, das Leben anders zu denken und Alternativen zu leben.

Ich habe anfangs geschrieben, dass ich es für wichtig empfinde, dass sich Kinder ihre eigenen Rituale erschaffen und dafür genug Freiraum bekommen. Was daraus entstehen kann, durfte ich hautnah miterleben – bei einer Fridays-for-Future-Demonstration in Hamburg, zu der auch Greta Thunberg anreiste. Sie folgte einem festen Ablauf: Erst eine Anfangskundgebung, bei der Schüler die Menge anheizten, dann der Marsch durch die Innenstadt, der wieder am selben Ort aufhörte. Zum Abschluss trat Greta Thunberg für ein paar Minuten sehr bescheiden auf und ermutigte alle, nicht aufzugeben und für das Klima zu kämpfen.

Ich hatte zuerst das Gefühl, so richtig gehöre ich nicht dazu, aber dabei zu sein bestärkte meinen Glauben an eine Zukunft, die unbedingt einen bewussteren und respektvollen Umgang mit Ressourcen und der Umwelt einschließt. Um mich herum hielten Fünfjährige Plakate, auf denen stand: »Wir wollen atmen können« oder »How dare you?«. Letzteres sind die Worte der damals sechzehnjährigen Greta aus Schweden.

Die Schülerin entschied eines Tages, in den Klimastreik zu gehen statt in die Schule. Sie startete den Protest allein und hielt ein simples Pappschild hoch mit dem Slogan (auf Deutsch übersetzt): »Schulstreik für das Klima«. Damit löste sie eine weltweite Bewegung aus. Jeden Freitag gingen tausende Schüler und Schülerinnen auf die Straße, um immer wieder daran zu erinnern, dass ihre Generation ein Anrecht auf eine saubere

Erde und eine Zukunft hat. Dieses kleine Ritual schlug schon bald so hohe Wellen, dass Greta Millionen von Followern auf Instagram anhäufte, mehr als die deutsche Kanzlerin, und weltberühmt wurde. Sie brachte eine ganze Generation Minderjähriger in Bewegung und brach mit allen Klischees über faule und bräsige Jugendliche, die sich nicht für Politik interessieren.

Die Auswirkungen der Kinderproteste sind deutlich: Die grünen Politiker gewinnen Zulauf, und Eltern bekommen an der Kasse Druck, wenn sie eine Plastiktüte kaufen oder etwas mit einer absurden Umverpackung. Kinder treffen heute Entscheidungen wie: »Wir wollen nicht in den Urlaub fliegen!« oder »Ich möchte keine Kuh essen, die schlecht behandelt wurde.«

Auch das Fridays-for-Future-Ritual musste flexibel bleiben in sich ändernden Zeiten. Wegen der Corona-Pandemie war die Bewegung von heute auf morgen gezwungen, mit den Demonstrationen aufzuhören. Doch die Protestkultur lebt in den sozialen Medien weiter.

Durch Corona war plötzlich die gesamte Menschheit gezwungen, ihren Alltag neu zu gestalten. Corona-Rituale wie das bewusste und regelmäßige Händewaschen, um sich vor einer Ansteckung zu schützen, kamen hinzu. Ich war erstaunt, wie viel plötzlich möglich war, wie schnell die Politik auf die Bedrohung reagierte und dass vor allem der Flugverkehr plötzlich nahezu lahmgelegt war. War das nicht ein großes Ziel der Bewegung: den CO_2-Ausstoß verringern? Ich bin gespannt, welche Rituale für eine bessere Welt noch entstehen werden, angetrieben vor allem von Kindern und jungen Erwachsenen.

Was ich gelernt habe

- Unsere inneren Kinder brauchen Vertrauen, damit sie sich zeigen. Ein Ritual kann eine erste Verbindung schaffen.
- Die Erfahrung einer Geburt kann durch Rituale begleitet werden. Diese können die Frau bestärken.
- Kinder und Jugendliche sind unsere Zukunft. Wir sollten ihnen durch Rituale Raum, Rahmen und Halt geben, sich auszudrücken, um sich selbst und neue Ideen zu entwickeln.

Ein Ritual, das ich empfehle

Ein Brief vom inneren Kind

Für dieses Ritual solltest du dir ein wenig Zeit nehmen. Vermutlich klappt es nicht auf Anhieb, und es braucht eventuell auch eine Begleitung durch eine Therapeutin, einen Coach oder eine vertraute Person.

Setze dich an einen gemütlichen Ort. Vielleicht willst du eine Kerze anzünden oder einen schönen Duft im Raum verteilen. Lege dir ein Notizbuch oder Papier zurecht. Schließe deine Augen und nimm ein paar gelassene Atemzüge. Spüre deinen Körper, vor allem die Körperteile, die fest mit dem Boden verbunden sind.

Lass dann eine Zahl zwischen 1 und 18 in deine Gedanken kommen und nimm die erste Zahl, die sich zeigt. Wenn zum

Beispiel eine 5 in deinen Gedanken auftaucht, dann lass ein inneres Bild oder Gefühl erscheinen, wie und wo du mit fünf Jahren warst.

Verbinde dich mit deinem inneren Kind, indem du es beobachtest und dir vorstellst, ihm nahe zu sein. Fühle dich in seine Gedanken und Emotionen ein. Wenn du einen guten Kontakt hergestellt hast, schreibe aus der Perspektive dieses kindlichen Anteils von dir einen Brief an deine Eltern (es können auch Großeltern, Paten, Lehrer, Freunde sein). Schreibe völlig ungefiltert und nur aus dieser kindlichen Perspektive, was du denkst und fühlst, was du sagen willst. Es muss für dich als Erwachsene keinen Sinn ergeben. Es braucht keine Einordnung, Rechtfertigung oder korrekte Sprache. Wenn keine Worte mehr kommen, dann antworte dem inneren Kind, dass du alles gehört und verstanden hast. Und dass du dich für das Vertrauen und die Offenheit bedankst.

Vielleicht hast du auch das Bedürfnis, das innere Kind in deiner Vorstellung in den Arm zu nehmen oder ihm einen Wunsch zu erfüllen.

Beende das Ritual, wenn du das Gefühl hast, es ist stimmig, und das innere Kind fühlt sich entlastet und ein wenig befreiter.

Dieselbe Übung kannst du auch machen, wenn du auf der Suche nach neuer Inspiration oder Ideen bist. Vielleicht taucht in dir ein kreatives inneres Kind auf, das dir zeigt, was ihm Freude bringt und was ein wenig Leichtigkeit im Leben schaffen kann. Du kannst den Brief einer Freundin, einem Freund oder einer Therapeutin vorlesen.

199

11

Abschalten und entspannen: Abend- und Einschlafrituale

Mit dem letzten Kapitel dieses Buches ist die Zeit gekommen, sich etwas zu entspannen und sich dem Abend zu nähern.

Während ein Morgenritual darauf angelegt ist, Körper und Geist zu aktivieren, sollte der Abend vor allem der Vorbereitung auf einen entspannten Schlaf dienen. Dazu gehört, sich Freunden und Familie zu widmen, aber auch den Tag und den Stress im Stillen loszulassen. Oder sich eine Sauna, ein Bad oder eine Massage zu gönnen. Auch sanfte Yoga-Stile wie Yin Yoga sind am Abend zu empfehlen. Je besser es gelingt, körperlich gelockert ohne sorgenvolle Gedanken, Grübeleien oder starke negative Emotionen einzuschlafen, desto besser können wir im Schlaf auch wirklich ausruhen.

Mein Körper ist komplett darauf konditioniert, dass ich in Rückenlage entspanne. Wer Yoga übt, wird die Abschlussentspannung auf dem Rücken kennen: Die Füße kippen einfach zur Seite, die Hände liegen mit den Handflächen nach oben locker neben mir. Diese Position wird auch Totenstellung genannt, und das hat für mich nichts Bedrohliches. Es ist eher das wunderbare Gefühl, nichts mehr leisten zu müssen. Am besten finde ich es, wenn ich dabei nicht schlafe, sondern einfach komplett gedankenfrei schwebe. Deswegen suche ich mir zum Entspannen Rituale, die so funktionieren.

Heilsame Klänge

Eine Form des bewussten Entspannens sind Klangreisen, die einem Ritual folgen. Ich habe auf meinen Reisen und während Ritualen immer wieder Musiker getroffen und dort auch viel gemeinsam gesungen und musiziert. Es ist ganz erstaunlich: Nach einem Konzert oder einer Klangreise fühle ich mich gleich in einer anderen Stimmung und ich möchte fast sagen: Schwingung.

Soundrituale werden von Soundhealern, also Klangtherapeuten, angeboten, die sich darauf spezialisiert haben, nicht einfach nur Musik mit Gongs, Klangschalen, Trommeln oder Gitarre und Stimme zu teilen, sondern mit den Klängen auch Botschaften zu transportieren, zum Beispiel, dass sich der Körper entspannen und der Geist beruhigen darf. Diese Rituale heißen auch *Soundbaths* (Soundbäder), denn tatsächlich fühlt es sich so an, als würde man in ein Meer von Klängen abtauchen. Das Beste: Ich muss gar nichts machen, mich auf nichts fokussieren oder aktiv tun. Solche Momente gibt es wirklich selten – bei vollem Bewusstsein. Dabei heißt »menschliches Wesen« auf Englisch *human being*, nicht *human doing*. Meist beginnen Klangrituale mit einer Meditation und einer Intention, die ich im Herzen fasse, und dann lege ich mich als Teilnehmerin mit dem Kopf zum Musiker oder der Musikgruppe – und gebe mich ganz dem Klang hin.

Sumann Simone Grunert[39] bietet Klangreisen in Hamburg an. Sie erzählte mir, dass man durch Klang Positives manifestieren und komplett entspannen kann. »Klang kann ein Leben verändern. Alle Flüssigkeiten des Körpers geraten in Bewegung, und jede Zelle kann sich transformieren. Das geht viel tiefer als ein Konzert oder eine Massage«, sagte sie. Es ist eine Wissenschaft für sich, die zum Glück mittlerweile einige Menschen studieren und für andere zugänglich machen.

Bei einem Baliaufenthalt ging ich mehrmals in der Woche zu einer Klangreise, die der Musiker und Klangtherapeut Shervin[40] gestaltete. Er spielte zuerst Gitarre und sang dabei. Seine Stimme traf mich direkt ins Herz und ließ meinen ganzen Körper vibrieren. Danach wechselte er die Instrumente und wurde begleitet.

Es war interessant zu erleben, wie anders sich eine Trommel im Vergleich zu einer Glocke anhörte und anfühlte. Ich habe während der Stunde in meinem Inneren verschiedene Zustände erlebt: Mal spürte ich meinen Körper, der auf der Yogamatte lag und leicht zugedeckt war, sehr intensiv. Mal hatte ich das Gefühl, sehr leicht zu sein und zu fliegen. Dann hatte ich Phasen, in denen Ideen in mir hochsprudelten. Später fühlte ich mich einfach nur in Harmonie mit mir und der Welt. Zum Schluss war ich komplett entschleunigt.

Früher hatte ich immer die Vorstellung, ich müsse über etwas nachdenken und Entscheidungen aktiv treffen. Seitdem ich mich der Entspannung regelmäßig bewusst hingebe, sortieren sich die Dinge meist von selbst, und Bilder, Gefühle und Entschlüsse begegnen mir. Genauso kann es passieren, dass ich mich in dem Moment auf besondere Weise mit den Menschen im Raum verbinde. Ich sehe sie nicht, wir unterhalten uns nicht, und ich spüre sie deswegen auf eine andere Art und Weise. Mein Verstand legt keinen Filter darauf und kann nichts bewerten.

Es ist interessant: Immer, wenn ich so daliege, fühle ich mich unglaublich lebendig und im Inneren komplett bewegt. Es ist ähnlich wie bei einem tollen Konzert, aber noch viel intensiver, weil mein Körper ruht, meine Sinne nach innen gekehrt sind und ich die Klänge komplett aufnehmen kann. Und am Ende habe ich das Gefühl, ich schwinge harmonisch, als wäre ich im Einklang mit mir und der Welt. Wenn man davon ausgeht, dass alles immer in Schwingung ist, dann macht es Sinn, dass harmonisch eingesetzte Musik uns auch auf eine andere Frequenz eintunen kann. Das probierte ich eines Tages selbst aus: Ich füllte Wasser in meine Klangschale und beobachtete fasziniert, wie es unterschiedlich schwang, je nachdem, wie ich spielte. Der japanische Wasserforscher Dr. Masaru Emoto hat herausgefunden, dass die Wassermoleküle in unserem Körper auf Schwingungen reagieren.[41]

Da wir Menschen zu einem großen Teil aus Wasser bestehen, ändern Klang und Energie auch unsere Schwingung. Shervin erzählte, dass so eine Klangsession natürlich vor allem für Entspannung sorgen sollte, aber auch dabei unterstützt, Emotionen loszulassen oder zu inspirieren. Er erklärte, dass verschiedene Studien zeigen, dass unsere Hirnwellen anders strömen, der Puls langsamer wird und wir sensibler werden. Bei einer Einzel-Heilsitzung mit mir spielte er auf mich abgestimmte Klänge und ließ den Sound von Stimmgabeln an bestimmten Stellen meines Körpers einfließen – ähnlich wie bei einer Akupunktur. Er erzählte mir, dass unser Leben wie ein Musikstück ist und unsere Stimme das ganze Spektrum unseres Ausdrucks. Er riet mir, noch mehr zu singen oder einfach nur meine Stimme erklingen zu lassen.

Bei den Himba in Namibia gibt es eine wundervolle ritualähnliche Tradition. Wenn eine Frau sich ein Kind wünscht, dann setzt sie sich unter einen Baum und nimmt sich vor zuzuhören, bis sie das Lied ihres Kindes hört. Dies singt oder summt sie dann dem Vater des Kindes vor. Während der Empfängnis singen sie es beide. Und so geht es weiter: Noch vor der Geburt kennen die Dorfbewohner das Lied, damit sie es während der Geburt singen können, und es wird das Kind ein Leben lang begleiten. Falls der Mensch je einen schweren Fehler machen sollte, kommt die Gemeinschaft zusammen und singt dieses Lied ebenfalls – während der Mensch in der Mitte des Kreises aus Dorfbewohnern steht. Es heißt, dass andere das Lied der Seele auch dann singen, wenn du selbst es vergessen hast. Auch das Lebensende wird bei den Himba musikalisch begleitet: Wenn der Mensch stirbt, dann ist das Letzte, was er oder sie hört, dieses Lied.[42]

Es gibt zahlreiche weitere Beispiele, die Klängen eine tiefere Bedeutung geben: Die alten Ägypter verwendeten Gesänge zur Heilung. Tibetische Mönche verbringen Stunden mit Obertongesang, um sich in ein höheres Bewusstsein zu bringen. Medizinmänner und -frauen der Ureinwohner Nordamerikas heilten, indem sie ein Lied im Traum oder in der Vision erhielten und dies dann für jemanden sangen. Und das bei uns bekannte Ritual des Schlafliedes hat letztlich auch einen ähnlichen Hintergrund: Es soll beruhigen und uns in einen sanften Schlaf versetzen. Denn: Schlaf ist nicht gleich Erholung. Wie wir in den Schlaf gehen und wie wir dann schlafen, ist entscheidend für den Grad der Entspannung. Und wer nicht richtig schläft und dieses kraftvolle Ritual mit seinen natürlichen Schlafphasen entspannt durchlebt, ist am Tag beeinträchtigt. Dabei geht es nicht immer nur darum, wie lange man schläft, sondern vor allem um die Qualität.

Rituale für einen erholsamen Schlaf

Über Abendrituale habe ich auch mit dem Schlafforscher Dr. Hans-Günter Weeß gesprochen, der in seinem Buch *Schlaf wirkt Wunder* einige vorstellt.[43] Er erzählte mir, dass ein Ritual (oder mehrere miteinander kombiniert) hilfreich sein kann, weil es mit Vertrautheit zu tun hat. »Das führt zu Geborgenheit und Sicherheit. Und das wiederum führt zur Entspannung, die Voraussetzung für einen guten Schlaf ist.«

Zuerst riet er mir, mein Schlafzimmer zu einer Wellnessoase zu machen. Das bedeutet, dass dort möglichst keine technischen Geräte stehen und die Atmosphäre komplett auf Schlaf und Erholung ausgerichtet sein sollte. Und natürlich gilt es, schon ein paar Stunden vorher mental abzuschalten und auch das Smartphone und alle flimmernden Bildschirme mit künstlichem Licht auszumachen. »Beenden Sie die Hausarbeit, schalten Sie den Fernseher aus. Schaffen Sie einen Puffer zwischen dem Alltag und der Schlafenszeit, der mit positiven und entspannenden Gefühlen verbunden ist. Dabei helfen ein gutes Buch, Musik, Hörspiele, Entspannungsverfahren, Tagebuchschreiben oder andere Dinge, die Ihnen persönlich guttun. Seien Sie bei der Auswahl geeigneter Tätigkeiten kreativ. Erlaubt ist, was gute Gefühle bereitet und beim Runterkommen hilft. Die Devise für einen guten Schlaf lautet Abschalten und Wohlfühlen.« Die einzige Aktivität, die im Bett erlaubt sei: Sex.

Der Forscher empfahl mir auch einen Schlummertrank, den Klassiker heiße Milch mit Honig. »Die Aminosäure Tryptophan, die sowohl in der Milch, aber auch in Bananen, Hafer, Schokolade, Rind- und Geflügelfleisch enthalten ist, wird mit den Kohlenhydraten des süßen Honigs direkt ins Gehirn befördert, um dort den Schlafstoff Melatonin zu bilden.« Das hat mich an meine Kindheit erinnert und an das warme Gefühl, versorgt zu sein.

Für sich selbst hat Hans-Günter Weeß ein Abendritual namens Grübelstuhl etabliert. Es geht ganz einfach: Er setzt sich auf einen Stuhl und lässt alle Sorgen sowie Gedanken des Tages los (er sitzt sie aus), bis er sich leer fühlt. »Lassen Sie die zurückliegenden Stunden noch einmal Revue passieren und fragen Sie sich: Was war heute gut? Was ist erledigt? Was ist übrig geblieben und muss morgen angepackt werden?«

Und am Ende hat der Experte noch einen wichtigen Hinweis: Der Übergang zur Schlafenszeit sollte nicht durchgetaktet sein und Disziplin oder Anstrengung erfordern (dies ist bei einem Morgenritual ein wenig anders, denn da geht es darum, sich selbst zu aktivieren und zu motivieren). Deswegen nehme ich mir abends nicht allzu viel vor – auch weil ich nach der Arbeit öfter etwas unternehme und dann später nach Hause komme.

Meine Zeitspanne bis zum Schlafen ist kurz, weil ich gern vor Mitternacht ins Bett gehe, um morgens früh aufzustehen. Ich habe mir aber Folgendes angewöhnt: Neben meinem Bett liegt ein Tagebuch, in das ich jeden Abend notiere, was mir an dem jeweiligen Tag Freude bereitet hat. Das können kleine Momente sein wie: Schmetterling im Garten beobachtet oder ein schönes Gespräch mit einem Freund. Dann lese ich meist in einem Buch (keine Thriller, eher schöne Romane oder inspirierende Sachbücher). Danach stelle ich mir auf meinem Handy (im Flugmodus) eine geführte Meditation an, die Yoga Nidra (der Yoga-Schlaf) heißt und eine yogische Form der Tiefenentspannung ist – ohne dabei einzuschlafen.

Yoga Nidra

Yoga Nidra ist eine Übung, die man unbeweglich in Rückenlage praktiziert. Sie basiert auf einer alten Technik, die aus dem Tantra kommt und seit den 1970er-Jahren auch im Westen unterrichtet wird. Sie hat meine Lebensqualität entscheidend verändert, und auch wissenschaftliche Studien haben gezeigt, dass sich eine Änderung der Gehirnwellenaktivität beobachten lässt. Es kommt zu einer Zunahme von Thetawellen, die für einen angenehmen Gefühlszustand sorgen. Yoga Nidra hilft unter anderem bei innerer Unruhe, Schlafstörungen, Verspannungen und leichten Angststörungen.[44]

Ich bin seit Jahren ein so großer Fan, dass ich selbst eine Ausbildung in der Praxis gemacht habe und Menschen damit unterstütze.[45] Die Idee ist, dass man während der Übung wach bleibt und in den Zustand gerät, der dem kurz vor dem Einschlafen ähnelt. Diese geführte Meditation kommt einem Ritual gleich, denn sie verläuft immer nach einem festen Ablauf, und zu Beginn und am Ende spricht man dreimal eine Intention in Form einer positiven Affirmation – so als wäre der Zustand bereits eingetreten, zum Beispiel: »Ich bin entspannt.« Sie sollte nicht jeden Abend wechseln, sondern möglichst gleich sein – oder wenigstens für eine Weile. Es kommt auf den Entschluss an. Wenn man sich zum Beispiel sagt: »Ich habe einen erfüllenden Job«, dann kann ich meine Intention wechseln, wenn diese Situation in meinem Leben eingetreten ist, sich also manifestiert hat.

Nach einer kleinen Einführung und ein paar bewussten Atemzügen spricht man den inneren Vorsatz (genannt: Sankalpa). Danach geht es darum, den Körper bewusst wahrzunehmen. Dazu werden einfach Körperteile benannt wie zum Beispiel: rechte Hand, rechter Zeh, Nacken. Ich lenke die Aufmerksamkeit auf diese Punkte, ohne etwas zu bewerten. Danach zähle ich meinen Atem und nehme wahr, wie sich die Bauchdecke dabei hebt und senkt. Ein weiterer Teil des yogischen Entspannungsrituals sind Visualisierungen, meist von beruhigenden Naturereignissen wie Vollmond, Sonnenuntergang oder fliegenden Vögeln.

Die Praxis wird immer geführt, und man sollte darauf achten, an eine gute Aufnahme beziehungsweise eine gute Lehrerin zu geraten, die die Übung selbst verinnerlicht hat und nach den festen Regeln teilen kann. Wichtig ist dabei auch, dass einem die Stimme gefällt und sie einen beruhigenden Effekt hat. Die Praxis dauert etwa zwanzig bis vierzig Minuten, und sie kann auch einen Mittagsschlaf ersetzen. Denn das Tolle ist, dass man entspannt ist, aber nicht völlig einschläft (und wenn, dann nur kurz) und deshalb danach schneller wieder fit ist.

Was ich gelernt habe

- Um erholsam zu schlafen, ist es ratsam, sich davor schon in einen Zustand der Leere und Entspannung zu bringen (am besten jenseits von Fernsehkonsum oder einem Übermaß an Alkohol).
- Wer am Abend entspannen will, sollte sich nicht viel vornehmen.
- Verschiedene Hilfsmittel wie Musik oder geführte Meditationen dienen der Entspannung.

Ein Ritual, das ich empfehle

Ein Abendritual

Frage dich, wie du am besten auf natürliche Art entspannen kannst, und probiere eventuell auch mal etwas Neues (wie etwa Yoga Nidra) aus. Du musst nicht von heute auf morgen das

Fernsehen aufgeben, wenn es eine feste Gewohnheit für dich ist. Aber du könntest eventuell die Fernsehdauer reduzieren und stattdessen etwas anderes direkt vor dem Zubettgehen machen: eine kleine Fußmassage (kann man sich auch selbst geben), Dehnübungen, Tagebuch schreiben oder lesen.

Rituale:
wie sie uns im Leben stärken

Rituale können nur funktionieren, wenn wir ihnen vertrauen und sie zu uns passen. Ahnen in einer Welt anzurufen, in der überhaupt nicht daran geglaubt wird, bringt nichts. Ideen aus anderen Kulturen deckungsgleich zu kopieren, bringt nicht viel. Außerdem muss man nicht nach Guatemala, Bali oder an andere ferne Orte reisen, um Rituale zu erleben. Aber es ist möglich.

Meine Erfahrung ist: Rituale in meinem Alltag schaffen für mich Sicherheit und Fokus. Sie entspannen mich oder beruhigen. Rituale zu besonderen Anlässen motivieren mich, lassen mich die Verbindung zu anderen Menschen und zu mir spüren. Sie sind für mich Orte, an denen ich den Mut aufbringe, etwas zu verändern. Und natürlich können Rituale auch das Leben verzaubern, denn sie haben eine eigene Magie, die Hoffnung und Liebe erlebbar macht. Auch wenn der Ablauf gleich und vorhersehbar sein sollte, ist ein Ritual doch jedes Mal anders und besonders, auf seine spezielle Art völlig unvorhersehbar.

Rituale wirken aber langfristig nur, wenn man sie in den Alltag integriert, sonst werden sie zur Realitätsflucht. Es ist einfach, neue Erfahrungen zu machen. Aber es ist nicht immer so einfach, diese auch ins Leben zu übertragen. Doch dabei kann man sich Unterstützung suchen.

Rituale sind strukturierende Wegbegleiter, geben Halt und sind gleichzeitig auch Brutkästen, in denen Neues entstehen kann. Sie führen zu Ursprüngen zurück und verbinden neu. Ein einfaches Beispiel hierfür ist die Wiederentdeckung von rohem Kakao für Rituale. Der Ursprung wurde in der Kolonialzeit und durch die Industrialisierung »verunreinigt«, und es entstand mit viel Zucker vermischte Schokolade, die uns mehr schadet als nützt. In modernen Kakaozeremonien wird der Superfood-Rohstoff wieder für das genutzt, was der Ursprung war: Heilung und Inspiration.

Rituale sind kontrolliert und kontrollierend, wenn man sich in ihnen nicht frei entfaltet beziehungsweise sie nicht ins Leben überträgt. Meine Supervisorin Judith Garay blinzelte mir zu, als sie erfuhr, dass ich über Rituale schreibe. Sie sagte zu mir: »Mit Ritualen kontrollieren wir auch, denn wir versuchen, Ordnung in das Chaos zu bringen. Wir Menschen sind Ritualerschaffer und wünschen uns einen sicheren Rahmen. Das Leben ist aber unkontrollierbar. Und es kann keine Sicherheit ohne das Chaos geben.« Sich dessen bewusst zu sein, integriert die Rituale und macht sie zu einem Puzzleteil des Gesamtbildes.

Wenn es um Rituale geht, verlassen wir oft die wissenschaftlichen Beweise und treten in einen Erfahrungsraum des Unerklärlichen. Rituale sind eine Möglichkeit zur Schaffung einer neuen Realität und für Transformation. Und sie können Orte für die Simulation einer besseren Zukunft sein. Wir können ein bewusstes Leben erschaffen, das uns mit uns selbst, den Menschen und der Natur verbindet. Es geht nicht darum, besser zu sein als andere, sondern seine Handlungen heilig und präsent zu machen, seine wahren Talente zu entdecken und diese zu teilen.

»Sei Liebe«, das hört man manchmal so beiläufig als Rat. Aber es ist tatsächlich das, was Kreise zieht: Liebe in Form von Mitgefühl und Freude als innere Grundhaltung einnehmen. Und von dort aus die Wellen des Lebens nehmen. Veränderungen zulassen und ihnen vertrauen.

Rituale unterstützen uns dabei, zukunftsfähig zu sein, denn sie sorgen dafür, dass ich mein Leben mehr von innen nach außen auffächere, anstatt mich im Außen zu verlieren und dann immer wieder den Weg zurück nach innen, zu mir, zu suchen. Auch wenn die Gesellschaft es teilweise noch immer anders vorlebt: Die innere Ausrichtung ist wichtiger als die Orientierung an Äußerlichkeiten. Das bedeutet, dass man ein wahrhaft authentisches Leben mit der eigenen Bestimmung führt, frei von Vorstellungen und Erwartungen anderer – aber durchaus zum Wohl aller. Es geht darum, mehr zu lieben, zu leben, körperlich zu spüren mit allen Sinnen und weniger zu brauchen und zu verbrauchen.

Wer sich auf ein bewusstes Leben einlässt – und Rituale können hierzu eine wunderbare Brücke sein –, wird merken: Alles ist Energie, und alles ist miteinander verbunden. Und unsere Körper sind wie Tempel, für die wir Verantwortung übernehmen müssen. Wer dies verinnerlicht hat, beginnt, ein anderes Leben zu führen. Denn dann muss einem keiner mehr sagen, dass ein Apfel eine bessere Mahlzeit ist als ein Toastbrot. Dann spüre ich, was mir Energie gibt und was mir Energie nimmt. Deshalb möchte ich vielleicht kein Tier mehr essen, das sein Leben lang gequält und dann in einer Fabrik umgebracht wurde. Ich umgebe mich nicht mehr mit Menschen, die schlecht über andere reden. Und ich mache das, was mir und anderen Freude bringt.

Ich schaue mit Zuversicht in die Zukunft und bin gespannt, welche Lebensgeschichte sich aus mir entwickelt und welche Rolle die Rituale dabei spielen werden. Ich freue mich darauf zu beobachten, dass Spiritualität zunehmend lebenspraktisch und normal gelebt wird. Dass das Mitgefühl und die Wertschätzung für alles Leben zunehmen und wir grenzenlos zusammenwachsen. Dass das Bewusstsein und die Wahrnehmung mit allen Sinnen sich bei vielen Menschen öffnen. Ich hoffe, dass das Klein-Klein, in dem wir uns ab und zu verlieren, ein großer komischer Witz wird und wir uns gemeinsam um die großen Themen kümmern: Umweltschutz, Frieden, Gleichberechtigung, Nachhaltigkeit, Bewusstseinswandel, Gemeinschaft und Entschleunigung.

Das Leben ist ein Ritual. Nichts funktioniert ohne Zyklen und Rhythmen. In einer komplexen Welt braucht es einen Klebstoff, der alles zusammenhält. Und vielleicht benötigen wir irgendwann sogar keine Symbole und Rituale mehr, weil alles in Bewusstheit und reiner Intention passiert.

Auf dem Weg dorthin unterstützen uns Rituale dabei, Sicherheit und Stärke in sich selbst zu finden und sich flexibel auf äußere Umstände einzustellen.

Und, was immer wichtiger wird: Rituale verbinden uns mit dem großen Ganzen und mit Gleichgesinnten. Ich denke, dass dieses Gruppengefühl in der Vergangenheit überlebenswichtig war und es auch wieder sein wird. Gemeinsam können wir die Intention fassen, eine neue Welt zu gestalten, in der wir alle bewusster, nachhaltiger und erfüllter leben. Ich kann dich nur dazu ermutigen: Finde deine Gruppe aus Gleichgesinnten! Finde deine Rituale!

Dank

Bei der Entstehung eines Buches sind immer zahlreiche Menschen involviert. Einerseits diejenigen, die mich inspiriert und mit ihrem Wissen bereichert haben. Und dann natürlich die Menschen in meinem privaten Umfeld, die mich persönlich bestärkt, mir Feedback gegeben und mich vom Schreibtisch entführt haben, damit ich einen Ausgleich finde. Meine Lektorin, meine Agentin, meine Mentorinnen und Mentoren. Es sind so viele, dass ich sie nicht einzeln aufführen möchte. Ich würde bestimmt jemanden vergessen.

Und natürlich sind es Rituale, die mich durch das Buch geführt haben. Ohne ihre Kraft und Inspiration wäre es nicht entstanden. Ein großes Dankeschön!

Und an dich: Danke fürs Lesen!

Über Fragen und Feedback freue ich mich:
mail@christinedohler.de

Literatur

Heather Askinosie, Timmi Jandro: *Kristalle. Schön, gesund und entspannt mit der Kraft der Steine,* Knaur 2018.

Catherine Blackledge*: Raising the Skirt. The Unsung Power of the Vagina,* W&N 2020.

Christiane Brosius, Axel Michaels, Paula Schrode (Hg.): *Ritual und Ritualdynamik. Schlüsselbegriffe, Theorien, Diskussionen,* UTB 2013.

Alan Cohen: *Wisdom of the Heart. Inspiration for a Life Worth Living,* Hay House 2002.

Nicole Daedone: *Slow Sex. The Art and Craft of the Female Orgasm,* Grand Central Life & Style 2012.

Denise Duffield-Thomas: *Get Rich, Lucky Bitch! Release Your Money Blocks and Live a First-Class Life,* Hay House 2018.

Hal Elrod: *Miracle Morning. Die Stunde, die alles verändert,* Irisiana 2016.

Anselm Grün: *Das Buch der Rituale. Jeden Tag erfüllter leben,* Herder 2016.

Jon Kabat-Zinn: *Im Alltag Ruhe finden. Meditationen für ein gelassenes Leben,* Knaur 2015.

Sylvia Koch-Weser, Geseko von Lüpke: *Vision Quest – Visionssuche. Allein in der Wildnis auf dem Weg zu sich selbst,* Drachen Verlag 2015.

Kursat Ozenc, Margaret Hagan: *Arbeitsrituale. 50 Wege für mehr Kreativität, bessere Teamarbeit und größere Leistungen,* Wiley 2020.

Michael Pollan: *Verändere dein Bewusstsein. Was uns die neue Psychedelik-Forschung über Sucht, Depression, Todesfurcht und Transzendenz lehrt,* Kunstmann 2019.

Anna Trökes: *Yoga Nidra. Die Yoga-Tiefenentspannung,* GU 2014.

Anmerkungen

1. Vgl.: Christiane Brosius, Axel Michaels, Paula Schrode (Hg.): *Ritual und Ritualdynamik,* UTB 2013, S. 9ff.
2. Siehe www.cacao-ritual.de.
3. Newsletter vom 27.9.2019.
4. Hal Elrod: *Miracle Morning. Die Stunde, die alles verändert,* Irisiana 2016.
5. Ulrich Ott: *Meditation für Skeptiker. Ein Neurowissenschaftler erklärt den Weg zum Selbst,* Knaur 2019.
6. Anselm Grün: *Das Buch der Rituale. Jeden Tag erfüllter leben,* Herder 2016, S. 9.
7. Ebd., S. 23.
8. Jon Kabat-Zinn: *Im Alltag Ruhe finden. Meditationen für ein gelassenes Leben,* Knaur 2015, S. 18.
9. https://www.tagesspiegel.de/sport/french-open-sieger-nadals-elf-titel-und-elf-ticks/22670224.html, zuletzt aufgerufen im April 2021.
10. Kursat Ozenc, Margaret Hagan: *Arbeitsrituale. 50 Wege für mehr Kreativität, bessere Teamarbeit und größere Leistungen,* Wiley 2020.
11. Vgl. ebd., S. 82f.
12. Ebd., S. 160ff.
13. https://www.youtube.com/user/JonnaJinton/featured
14. www.dooroflotus.com
15. Sylvia Koch-Weser, Geseko von Lüpke: *Vision Quest – Visionssuche. Allein in der Wildnis auf dem Weg zu sich selbst,* Drachen Verlag 2015.
16. Ebd., S. 15.
17. Fasten ist nicht für alle Menschen geeignet. Es sollte unbedingt vorab ärztlicher Rat eingeholt werden.
18. Michael Pollan: *Verändere dein Bewusstsein. Was uns die neue Psychede-*

lik-Forschung über Sucht, Depression, Todesfurcht und Transzendenz lehrt, Kunstmann 2019, S. 445.

19. Vgl. ebd., S. 10ff.

20. https://www.hochzeit-zauberfee.de/team/nadine-jungbecker/

21. Es gibt unterschiedliche Zählungen und Starttage. Man kann die Raunächte auch mit der Wintersonnenwende am 21. Dezember beginnen.

22. Mithu M. Sanyal: *Vulva. Die Enthüllung des unsichtbaren Geschlechts,* Wagenbach 2017.

23. Vgl. Catherine Blackledge: *Raising the Skirt. The Unsung Power of the Vagina,* W&N 2020, S. 11.

24. Frei aus dem Englischen übersetzt aus Catherine Blackledge: *Raising the Skirt. The Unsung Power of the Vagina,* W&N 2020, S. 11ff.

25. https://daniela-batista-dos-santos.com

26. Denise Duffield-Thomas: *Get Rich, Lucky Bitch! Release Your Money Blocks and Live a First-Class Life,* Hay House 2018, S. 16f.

27. *Emotion,* Ausgabe 9/2019, S. 36, Interview von Stella Brikey.

28. Zu finden in: Heather Askinosie, Timmi Jandro: *Kristalle. Schön, gesund und entspannt mit der Kraft der Steine,* Knaur 2018, S. 131f.

29. Nicole Daedone: *Slow Sex. The Art and Craft of the Female Orgasm,* Grand Central Life & Style 2012.

30. https://evaassmuth.com/om

31. Nanine Renninger, Katrine Habbel: *Bastel dir die Welt, wie sie dir gefällt!,* Moses 2020.

32. https://www.bmfsfj.de/resource/blob/93196/b8a3571f0b33e9d4152d 410c1a7db6ee/8--familienbericht-data.pdf, S. 71, zuletzt aufgerufen im April 2021.

33. Näheres zum »inneren Kind« bei Stefanie Stahl: *Das Kind in dir muss Heimat finden. Der Schlüssel zur Lösung (fast) aller Probleme,* Kailash 2015.

34. http://www.judithgaray.com/deutsch.html

35. https://inkenarntzen.de/

36. https://www.kamija.de/

37. https://www.gebaermuetter.de/

38. MA Bohren, G Hofmeyr, C Sakala, RK Fukuzawa, A. Cuthbert: »Continuous support for women during childbirth«, Cochrane Database of Systematic Reviews 2017, Issue 7. Art. No.: CD003766. DOI: 10.1002/14651858. CD003766.pub6

39. https://www.sumannspirit.com/

40. http://soundhealingbali.com/bali-sound-healing/shervin-boloorian/

41. Siehe Masaru Emoto: *Die Botschaft des Wassers. Sensationelle Bilder von gefrorenen Wasserkristallen*, Koha 2010.

42. Alan Cohen: *Wisdom of the Heart. Inspiration for a Life Worth Living*, Hay House 2002, S. 164f.

43. Hans-Günter Weeß: *Schlaf wirkt Wunder. Alles über das wichtigste Drittel unseres Lebens*, Droemer 2018.

44. Vgl. Anna Trökes: *Yoga Nidra. Die Yoga-Tiefenentspannung*, GU 2014, S. 9.

45. Eine geführte Yoga-Nidra-Praxis findest du auf: https://cacao-ritual.de/shop/.

Um die ganze Welt des GOLDMANN
Body, Mind & Spirit Programms
kennenzulernen, besuchen Sie uns doch
im Internet unter:

www.goldmann-verlag.de

Dort können Sie
nach weiteren interessanten Büchern *stöbern,*
Näheres über unsere *Autoren* erfahren,
in *Leseproben* blättern, alle *Termine* zu Lesungen und
Events finden und den *Newsletter* mit interessanten
Neuigkeiten, Gewinnspielen etc. abonnieren.

Ein *Gesamtverzeichnis* aller Goldmann Bücher finden
Sie dort ebenfalls.

Sehen Sie sich auch unsere *Videos* auf YouTube an und
werden Sie ein *Facebook*-Fan des Goldmann Verlags!

www.goldmann-verlag.de
www.facebook.com/goldmannverlag

Ⓖ GOLDMANN
Lesen erleben